体育运动训练
理论与方法研究

高振峰　著

北方文艺出版社

哈尔滨

图书在版编目(CIP)数据

体育运动训练理论与方法研究 / 高振峰著 . —— 哈尔滨:北方文艺出版社, 2023.2

ISBN 978-7-5317-5801-3

Ⅰ. ①体 .... Ⅱ. ①高 ... Ⅲ. ①体育运动-运动训练-研究 Ⅳ. 1G808.1

中国版本图书馆 CIP 数据核字(2023)第 022338 号

体育运动训练理论与方法研究

TIYU YUNDONG XUNLIAN LILUN YU FANGFA YANJIU

作　者 / 高振峰

责任编辑 / 李正刚　　　　　　　　　　封面设计 / 左图右书

出版发行 / 北方文艺出版社　　　　　　邮　编 / 150008

发行电话 / (0451)86825533　　　　　　经　销 / 新华书店

地　址 / 哈尔滨市南岗区宣庆小区 1 号楼　网　址 / www.bfwy.com

印　刷 / 廊坊市海涛印刷有限公司　　　　开　本 / 787mm×1092mm　1/ 16

字　数 / 200 千　　　　　　　　　　　　印　张 / 10.75

版　次 / 2023 年 2 月第 1 版　　　　　　印　次 / 2023 年 2 月第 1 次印刷

书　号 / ISBN 978-7-5317-5801-3　　　　定　价 / 57.00 元

前　言

　　体育教育是我国教育体系的重要组成部分,体育运动训练是维持运动者体能水平和运动技能水平的重要方式,而体育运动训练理论与方法是体育教育工作者开展教学工作的基础和前提。特别是对竞技运动来说,科学的运动训练是运动员保持高水平运动状态的基础。鉴于此,目前各个国家都非常注重运动训练水平的提升,主要方法在于研究运动训练的基本理论、构建运动训练体系、丰富运动训练的手段、完善运动训练设施以及改良运动训练的评定标准。

　　一直以来,体育教学工作者都希望以最少的实践更加高效地开展体育教学,使得学生的训练质量和效益得以明显提升,这是体育运动训练理论与方法研究的出发点和落脚点。简单来讲,如果在体育课堂上,教师运用的体育训练理论正确,训练方法得当,就会使得体育训练内容更加容易被学生接受,否则的话,体育训练理论和方法无法激起学生的兴趣,也难以取得理想的效果。

　　在实际的体育运动训练过程中,很多教师一味使用传统的体育教学模式,过多的在乎教学大纲,忽视学生的主观能动性,难以从学生的体能素质、技能水平和心理能力等角度去开展锻炼,从而使得体育教学质量处于难以提高的状态。在这样的情况下,就有必要将体育运动训练的模式纳入体育运动训练理论与方法中去。具体来讲,其重要性归结为以下三个方面:其一,有利于激发学生的体育锻炼积极性,是提高学生综合素质的重要举措;其二,有利于改善传统体育锻炼教学的弊端,是实现我国体育教学改革的关键环节;其三,有利于实现体育教学质量的提升,是促进体育教学事业发展的重要工具。

　　本书介绍了体育运动训练的基础知识,阐释了体育运动训练的原理与管理,研究了体育运动训练的原则与模式,分析了体育运动训练的计划与方法,并进一步指出必须加强体育运动拓展训练的应用,指出必须加强体育训练理论与方法的研究、改进传统的体育训练方法、提高体育教学质量的策略,同时也提出了体育运动功能性训练的实践探索思路与途径,旨在为提高体育运动训练的水平提供帮助。

目　录

第一章 体育运动训练的基础知识

体育运动训练是竞技体育活动的重要组成部分,是为提高运动员的竞技能力和运动成绩,在教练员的指导下,专门组织的有计划的体育活动。无论从活动的时间、活动的容量,还是从人们投入的力度来看,在竞技体育的多种构件中,运动训练都是最主要的。当然,只有遵循训练规律,科学地制订并认真地执行运动训练计划,才能取得运动训练活动的成功。

第一节 体育运动训练的发展历史

一、初级任意训练阶段

从古代奥运会到20世纪20年代,参加运动训练的只是极少数人,参加比赛的就更寥寥无几。人们对运动训练的认识停留在原始的初级阶段,只是在参加比赛前练几次或几周,没有运动员和节奏周期,而是处于想怎么练就怎么练的任意训练阶段。在比赛中获胜的往往是身体某方面体能突出者,如身健力大者在投掷项目中力拔头筹,善跑者在中长距离跑中夺魁,爆发力、弹跳力较好的矫健者在短跑、跳跃项目中取得优胜。其运动技术是粗糙的,如运动员的起跑动作各不相同,投掷姿势五花八门。没有专业的人员对运动训练方法及运动技术做专门的研究,比赛中的技术动作近乎人们平时基本活动的自然动作。

运动训练的科学理论与方法伴随着现代奥林匹克运动的发展而逐步完善,最终形成完整的理论体系——运动训练学。在20世纪20年代,苏联便开始了运动训练原理的研究,并产生了一本阐述训练学方面的专著——《科学的训练原理》(1922年,苏联格里涅夫斯基)。[1]

---

[1]唐进松,陈芳芳,薛良磊. 现代体育运动训练理论与方法探索[M]. 北京:中国商务出版社,2019.

二、技术革新和大运动量训练阶段

从20世纪30年代开始,随着体育运动的普及,参加体育运动的人越来越多,奥运会比赛项目也逐渐增多,参加各种运动训练的人数及参加比赛的运动员越来越多。为了在比赛中取得优胜,对比赛前的运动训练提出了进一步的要求,单纯靠体能的强健及简单的运动技术已不能在比赛中占据优势。人们对运动训练及运动技术开始做专门的分析和研究,并开始了全年的系统训练,把全年划分为基本的准备期、比赛期和休整期,对运动量、负荷强度、间歇密度和训练方法进行探讨和交流,总结出了一些运动训练的理论及规律。在运动技术上不断创新发现,如跳远的动作从蹲踞式发展到挺身式,又发展到空中走步式。从走两步半到走三步半,使空中动作更加完善。推铅球的技术从原地推到侧向滑步推,背向滑步和旋转式推,使成绩不断提高。跳高的技术发展更快,从跨越式、剪式发展到先进的俯卧式,20世纪70年代又发明了背越式,使跳高世界纪录一再提高。在运动实践中,人们又发现,只有训练量达到一定的积累,才会有质的提高。运动员开始由一天练一次,到一天练两次甚至出现了若干运动项目一天训练三次的情况。保加利亚举重运动员率先一天三次大运动量训练,在举坛上异军突起,成为举重强国。当然,这个时期,运动训练仍然缺乏科学依据,竞技指导者通常是根据个人的经验或模仿优秀运动员技术动作开展训练,有的甚至根据驯马的实践经验来决定运动员的训练量。只有美国,出现了真正意义上的运动训练。一天安排两次训练的方法已经能产生明显的效果,开始推行到一些运动项目中。有经验的运动训练指导者,则开始从运动员自身的能力出发探索新的训练方法,以求运动成绩得到突破。另外,美国人不但可以从运动员自身情况出发,也开始懂得根据不同运动项目本身的特点来指导和组织训练活动。

我国运动员从20世纪50年代起,贯彻"三从一大"的训练原则,在广大教练员、运动员的辛勤努力下,也使一些项目的运动成绩进入了世界水平。在运动训练方法上,先后出现了"利迪亚德训练法""全能训练法"。"利迪亚德训练法"能够有效指导中长跑训练,并对世界中长跑成绩的提高起到了重要作用。苏联采用的训练田径运动员的"全能训练法"也被各国普遍采用。随着社会的进步,科技的发展,在运动训练上投入了大量的人力和财力,各项运动技术日趋先进,大运动量的训练使运动员的身体机能得到较大的提高,各项运动成绩突飞猛进。

20世纪八九十年代,我国运动训练学界对运动训练学理论建设也做出了重要贡献。1983年,我国学者田麦久等对主要竞技项目进行科学分类,在此基础上就一般训练理论与专项训练理论之间建立一个新的理论层次提出构想,于1990年发表论文《项群训练理论及其应用》,8年后又出版了研究专著《项群训练理论》,该专著分别阐述了依不同主导竞技能力而划分的8个项群的训练特点,由此完善了运动训练的理论体系。

三、现代科学化训练阶段

从20世纪80年代开始,世界经济高速发展,社会进入了电子和信息时代,科技发展的速度越来越快。现代通信设备和技术的发展,使信息获取的速度和手段大大加快和增多,新的训练方法、运动技术难以再垄断。运动器材、训练设备的改进,更有利于发挥人体的运动能力,科技成果在现代运动训练中的应用范围越来越广,运动员选才不再只靠"眼观尺量",而开始交叉采用电脑技术、遗传学、生物工程学技术、人体测量学等知识;在运动员选才上实现了早期科学选才及目标跟踪,成材率大大提高。

在训练计划的制订及新技术战术的创新演练方面,高科技成果优势大放异彩,把对手比赛中的战术拍摄录像后输入计算机,通过计算机专门系统的分析处理就可以编制出相应的战术对策。

通过对大运动量训练的研究,人们在现代训练过程中发现,运动量的增加是有一定限度的,而且随着运动量的增加,产生的疲劳和运动损伤与疾病也随之增加。这一切迫使人们不得不考虑如何更科学地安排大运动量训练。在这方面我国田径教练马俊仁经过数年潜心科学化训练实践和研究,成功地总结出了一套现代科学的大运动量训练理论和训练方法。他打破了运动员长期以来只练一个专项的传统观点,强调在速度耐力的基础上抓速度再发展速度耐力的独树一帜的理论和训练方法,这使他所训练的队员从800米到10000米和马拉松各种中长距离和超长距离跑都能跑出世界一流的成绩。马俊仁训练的队员王军霞在1500米、3000米和10000米跨度较大的比赛中都打破了世界纪录。马俊仁的独特训练理论和方法被世界田径界公认为"马氏训练法"。

就理论方面而言,当代运动训练理论的研究可以分为两大流派。一派以俄罗斯、德国和中国为代表,研究注重严谨与理论体系的完整。另一派以美国为代表,其对具体运动项目训练方法的研究注重实用性,集中精力深入研究单项学科。近些年来,我国学者在运动训练的基本理论方面不断推出新的研究成果,出版了一系列运动训练学领域的研究性专著。这些独具特色并有重要理论价值的研究进展被曹景伟等称为运动训练学理论的"中国流"。

随着科技的发展,现代训练科学化是体育科学和运动训练学发展的必然结果,也是世界范围内科学技术的飞速发展和现代高水平的竞技运动对运动训练提出的更高要求。现代科学技术对体育领域的介入是强有力的和全方位的,竞技选手创造优异成绩的艰巨性也迫切地要求科技的全面介入,现代运动训练实践已经证明,科学化的训练和科技成果在运动训练过程中的运用,大大提高了运动员的竞技能力。在科学化训练阶段,运动训练步入了崭新的科学时代,带来了各项运动技术的日趋发展完善和各项竞技运动水平的快速提高,使赛场上的竞技水平更高,竞争更为激烈。

世界范围内高新技术的发展和普及,现代科技成果在运动训练上的运用会越来越广泛,必将给运动训练带来新的发展和飞跃。

第二节 体育运动训练的特点与要素

一、运动训练特点

运动训练目标专一,任务多样;内容复杂,方法多样;过程长期,安排系统;计划科学,有针对性;负荷极限,重视应激;效果具有表现性,表现方式有差异性。这些就是运动训练的特点。

(一)目标专一,任务多样

运动训练以创造优异的运动成绩为目的,因此训练目标非常专一,安排的训练项目、内容都具有专门性。随着现代竞技运动的快速发展,比赛竞争也越来越激烈,要求运动员各种能力都要有所突破,不断刷新成绩。因此,不但要开展全面训练,并且要在此基础上依据运动专项的特殊要求,在不同训练阶段采用各种手段开展专项训练。运动训练强调专门性,但也不排斥有利于专项运动能力提高的其他项目的训练内容和手段。实际上,很多运动训练项目之间都相互借鉴、参考有利于自身的方法。因此,运动项目、内容的专门性不仅是指专项本身,也是从运动训练目的和可能性上来讲的。①

虽然运动训练有明显的专一性,但具体训练任务方面却是多样的。有的运动训练项目不但要开展各种体能训练,还要开展技术训练;不但要开展战术训练,还要开展心理素质训练。这些任务既有训练因素方面的训练任务,也有非训练因素方面的训练任务。

(二)内容复杂,方法多样

运动训练功能和任务是多样的,训练过程是复杂的,而运动训练内容也表现出复杂的特点,这也就要求我们要不断探索更多的训练方法、手段,并在此过程中进行科学合理的优选。现代运动训练的基本手段是开展身体练习,只有进行各种身体练习才有可能提高运动能力。在具体的训练实践中,既要根据不同任务选择运用最有效的手段和方法以提高训练的效果,又要采用多种手段、方法达到同一目的,从而提高运动员的兴趣,使运动员能够主动、自觉、积极地进行训练。

(三)过程长期,安排系统

运动员肌体的生物节奏变化是周而复始、循环往复的,运动竞赛安排也具有周期性的特点,按一定的动态节奏,循环往复、逐步提高训练内容的数量和负荷量度,因此运动训练的过程也是长期的。运动员肌体经过长期系统训练,才有可能产生良好的训练效果。运动实践证明,运动员要想在短暂的时间内达到世界水平的成绩几乎是不可能的、不现实的,必须要经过多年的系统训练。从本质上讲,运动能力提高过程是运动员的肌体对训练刺激产生适应并由量变到质变的过程。在运动训练中,没有长时间量的积累,就不会有质的变化和提高。由于在长期训练过程中受多种因素的影响,需要以科学严密的训练计划做保证,把计划安排的长期性与阶段性紧密结合起来。

(四)计划科学,有针对性

现代训练的科学化水平越来越高,其科学性主要体现在运动训练的计

---

①冯婷.体育运动与训练研究[M].北京:九州出版社,2018.

划上,教练员、运动员实施训练以训练计划为依据,没有计划的训练,不过是一种盲目散漫的训练;有计划但却安排得不科学,也难以达到最高的训练成效。

运动训练在很大程度上是一个个人的训练过程,优异的运动成绩的取得,与运动员的天赋才能、运动素质的发展、技术与战术的掌握、心理素质的优劣以及文化素养的高低有密切的关系。而这些基本能力又存在着很大的个体差异,并在一定程度上可以相互补偿。只有针对性强的训练刺激,才会最大限度地挖掘和发挥运动员的潜力,提高运动员训练水平。在一些集体对抗项目,如篮球、足球、排球的训练中,由于位置和分工的不同,也要实施一定程度的个别训练。但是要注意的是,针对性并不是否认群体训练中特定的训练过程和时间、练习形式、内容、方法安排上的一致性。

(五)负荷极限,重视应激

在运动训练过程中,只有对运动员的肌体通过练习施加强烈的刺激,才能引起肌体深刻的反应,充分地挖掘出肌体的最大机能潜力。运动员如果不能承担大负荷乃至极限负荷的训练,是难以适应现代训练和比赛要求的。现代运动训练负荷越来越大,为了在竞技比赛中获胜,在日常训练当中的训练量或训练强度都大大超过了比赛所需,这是运动训练发展的趋势。如今,各个国家都选择这种"超量"的训练理念。这也就要求运动员从事非常人所能承受的艰苦训练。当然,极限负荷是相对的,是就运动员个体而言的,当某一训练阶段的负荷达到运动员个体的极限并适应时,就要进一步提高负荷水平。运动训练要求最大限度发挥人体的机能潜力,人体运动能力的提高是人体适应能力的提高。想要提高人体适应能力,那么就必须最大限度地通过各种运动应激刺激作用于运动员肌体。只有运动员具有承受高水平负荷的能力,才能拥有高水平的运动成绩。专项运动成绩实际是运动员对专项负荷强度的承受能力,而承受负荷强度的能力越高,显然运动成绩就越好,反之就越差。因此,在运动训练中要根据机能适应规律科学地加大运动负荷直至最大负荷。

(六)效果有表现性,表现方式有差异性

运动训练的效果和最终目的主要是运动成绩的提升以及对身体健康

的促进。训练的效果以及通过训练提高的运动技术水平和成绩都需要通过比赛来表现。在正式比赛中表现出来,才会得到社会的认可。在比赛中不能表现出训练中最高成绩水平的运动员,就不是一个真正优秀的运动员。因此,在日常训练中要加强对运动员比赛能力的培养,力争将平日中的训练成果在重大比赛中以优异的运动成绩表现出来。在运动训练的过程中既要着眼于竞技能力的提高,又要根据长期、近期参加比赛的安排进行科学的训练。

运动成绩要通过一定方式表现,但运动项目比赛方式不同,所以运动成绩的表现方式也各不相同,有的用功率指标表现,有的用比分表现,也有的用评分方式表现。这些表现形式都有十分严格的规则和制约条件,否则即便是正式比赛中表现出来也不一定能得到认可。

除上述六个特点外,运动训练中竞技能力结构还具有整体性,各子能力之间又具有互补性。虽然不同项目运动员竞技能力的构成都有各自的特点与侧重,但不论是哪一个运动项目,运动员的竞技能力都是由体能、技能、战术能力、心理能力以及运动智能等方面构成的。各项目运动员的主导竞技能力以及次要的竞技能力,以适当的发展水平、相应的结构协调地组合在一起,构成了运动员表现于专项竞技之中的综合竞技能力。同时,各子能力之间相互促进、相互制约,发展较好的优势子能力还可以在一定程度上对发展滞后的劣势子能力产生补偿作用。例如,发球变化多、攻球速度快的亚洲直拍乒乓球选手在与相持能力强的欧洲横拍选手比赛时,力求在前三板中得分。

二、运动训练的要素

运动训练具有丰富的内涵,它是一个教育过程,提高运动员的竞技能力和运动成绩是其目的所在,需要教练员和运动员的积极参与和配合。运动训练的构成要素至少要包括训练时间、训练形式、训练强度、训练负荷。

(一)训练时间

要保证运动训练产生效果,通常情况下,一次运动训练应至少保证20分钟～30分钟具有一定强度的练习。以肌肉耐力与力量训练为例,训练时间与训练中的重复次数成正比。对于一般训练者来说,在阻力充足的条件下,使肌肉全力以赴地练习8次～12次的重复量,可以在发展肌肉耐力的同时,使力量也得到一定程度的训练。当训练者有了进步后,每种抗阻力的训练应重复2组～3组。人的身体不会因为一次运动变得更健康,不管是肌肉、体脂肪、神经反应、心肺功能等,都需要至少4周～6周以上的持续运动才有可能改善。一般而言,运动后的24小时～48小时生理状况会比运动前还要差,只有经过一段时间的休息与恢复后,身体才会开始适应运动后的生理变化,变得比运动前更好。因此,在进行训练时,需要懂得掌握训练的强度及恢复的时间。

(二)训练形式

运动训练的训练形式即练习形式。为提高运动员的有氧耐力,通常采用慢速跑步、越野跑、骑自行车、游泳、划船等周期性运动。要开展柔韧素质训练,可选择器械上的练习(肋木、平衡木、跳马、把杆、吊环、单杠等),也可以利用外部阻力(伴随助力、负重)进行练习,或者利用自身所给的助力或自身体重进行练习(如在吊环或单杠上做悬垂等)。在运动训练实践中,选择练习形式时,应遵循科学训练的专门性原则。例如,为了增强训练者的心肺功能,应让其做提高心肺功能的练习。在需要集中精力完成专门训练任务,对主要技术动作和战术配合环节的训练进行加强时,适合采用分解训练的形式进行训练,这样可使训练取得更好的效果。

(三)训练强度

合理安排训练强度是运动训练中需要重点考虑的问题。有很多方式可以用来衡量训练强度,如心跳、耗氧,也就是运动时身体使用或消耗多少能量。例如,力量素质的训练强度,通常以不造成训练后隔夜的疲劳以及不适感为主。通常情况下,训练强度会根据运动训练形式的变化而发生改变。例如,在以提高心肺功能为目的的训练中,训练者必须全力以赴,使训练心率提高到心率储备的60%～90%。

运动训练的训练内容不同,其训练强度的具体指向也有所不同。例如,在肌肉力量与耐力训练中,强度指的是在某一特定练习中克服大量阻力的百分比。在确定力量训练的强度时,依据最大重复量(简称RM)是更为简便的方法,10RM就是能正确举起10次的最重重量。对于一般训练者而言,8RM～12RM是提高肌肉力量与耐力最适宜的训练强度。

在传统的训练中,通常采取高训练量、低训练强度的原则。近年来,实际的训练情况与比赛结果证明,长期进行高训练量、低强度的训练,容易使运动员产生神经系统和肌肉疲劳,从而使训练效果下降。运动员在大量低强度训练时,极易导致神经系统疲劳,无法发挥运动员的个人潜能。因此,运动训练要想取得好成绩,就必须抛弃大训练量、低强度的训练方式,而采用高强度负荷的训练方式。对于一般训练者而言,8RM~12RM是提高肌肉力量与耐力最适宜的训练强度。

(四)训练负荷

运动负荷以身体练习为基本手段对训练者的肌体施加的训练刺激,是训练者在承受一定外部刺激时在生理和心理方面所表现出来的应答反应程度。一般情况下,可以通过对训练负荷诸因素的控制构建起不同特征的训练方法,进而利用不同特征的训练方法有针对性地提高训练者的体能素质水平。训练负荷是运动训练过程中最为活跃的因素,在运动训练全过程中,从每一次训练到全年训练、多年训练,都要安排适宜的训练负荷,科学地控制负荷的动态变化。评定训练负荷的大小指标有训练的次(组)数、距离、时间、重量、速度、难度、心率、血压、血乳酸、血红蛋白、尿蛋白等。

第三节 体育运动训练对肌体的影响

一、体育运动训练对运动系统的影响

运动系统由骨、关节和骨骼肌组成。骨以不同形式连接在一起,构成骨骼,形成了人体体型的基础,并为肌肉提供了附着点。骨骼肌是运动系统的动力源,在神经系的支配下,肌肉收缩,牵拉其所附着的骨,以关节为枢纽,产生肢体运动。

(一)对骨的影响

骨是以骨组织为主体在结缔组织或软骨基础上经过一定的发育(骨化)而形成的。

1.促进骨的生长发育

对于青少年而言,其骨的有机物含量多、可塑性大,长骨两端仍保留使

骨增长的骺软骨。在体育活动中,骨承受各种运动负荷的刺激,可促使骺软骨细胞的增殖,有利于骨的增长。同时,在进行体育活动中,血液循环加快,保证了骨的营养供给及新陈代谢的需要,从而促进骨的生长发育。[1]

经常在空气新鲜、阳光充足的户外进行体育锻炼,由于阳光中紫外线照射可使皮肤内的部分胆固醇转化为维生素D,有助于人体对钙的吸收,尤其对儿童少年的骨骼生长发育以及老年人的缺钙性骨质疏松症的改善特别有益。

由于运动刺激的效应,骨能量代谢的合成需要在运动后的休息期间内完成。因此,在剧烈活动后,必须有足够的休息,以保证骨新陈代谢的正常进行。

2.使骨增粗和提高骨的机械性能

经常参加体育锻炼,可使骨表面的隆起更为显著,骨密质增厚,管状骨增粗,骨小梁配布更符合力学规律。骨的这种良好变化,与肌肉的牵拉作用有密切关系。这一系列骨态结构的变化,使骨的抗压、抗弯、抗折断和抗扭转等机械性能得到提高。

(二)对关节的影响

关节的基本构造可分为主要结构和辅助结构两部分。关节的主要结构包括关节面、关节囊和关节腔,即构成关节的三要素。

体育运动训练可以使骨关节面的密度增加,骨密质增厚从而能承受更大的负荷。关节面软骨是一种类似海绵状的结构,在运动时其小孔内可吸收大量滑液,能承受较大的挤压力,从而提高关节的缓冲能力。运动训练还可使肌腱和韧带增粗,胶原含量增加,单位体积内细胞数目增多、使其抗拉伸的能力增强。另外运动还可使关节周围的肌肉力量增大,从而使关节的稳定性增强。

运动训练项目不同,对关节柔韧性所起的作用也不同。坚持采用各种科学、有效的拉伸练习方法,可使关节囊、韧带及关节周围的肌肉等软组织在力的作用下提高弹性,增大关节的灵活性。

(三)对骨骼肌的影响

根据肌纤维的结构和功能的特性,人体内的肌肉组织可分为骨骼肌、

---

[1]居向阳,朱舰,王克权等. 大学体育运动与训练教程[M]. 北京:现代教育出版社,2012.

心肌和平滑肌三类。骨骼肌受运动神经支配,为随意肌;心肌和平滑肌受自主神经支配,为不随意肌。在运动过程中,骨骼肌是人体运动的动力。人体骨骼肌的收缩与伸展,促成人体的每一个活动。小至眨眼睛、皱眉头等动作,大至跑步、举重、游泳、打网球等,都与人体骨骼肌的活动密切关联。

骨骼肌的收缩是人体运动的动力。当肌肉收缩时,肌原纤维内的肌纤蛋白丝和肌凝蛋白丝相对滑动,其滑动的幅度根据肌肉工作需要而定。肌肉收缩可表现为整块肌肉的长度发生变化,也可不发生变化。根据肌肉收缩时的变化,其基本形式可分为四种:向心收缩、离心收缩、等长收缩和等动收缩。在完成工作或对抗地心引力对身体的作用时,这几种收缩往往同时或按顺序发生。

肌肉收缩时,长度缩短的收缩称为向心收缩。这种收缩的特点是:肌肉收缩使肌肉的长度缩短、起止点相互靠近,因而引起身体的运动。肌肉张力增加出现在前,长度缩短发生在后。但肌肉张力在肌肉开始缩短后即不再增加,直到收缩结束,故这种收缩形式又称为等张收缩,有时也称为动力性收缩。由于在肌肉向心收缩过程中,往往是通过骨的杠杆作用克服阻力做功,在负荷不变的情况下,要使肌肉在整个关节活动范围内以同样的力量收缩是不可能的。如当肌肉收缩克服重力垂直举起杠铃时,随着关节角度的变化,肌肉做功的力矩也会发生变化。因此,需要肌肉用力的程度也不同。

肌肉在收缩产生张力的同时被拉长的收缩称为离心收缩。股四头肌在完成蹲起运动时,需要向心和离心两种形式都发挥作用。下蹲时,股四头肌在收缩的同时被拉长,以控制重力对人体的作用,使身体缓慢下蹲,起缓冲作用,因此肌肉做离心工作也称为退让性工作。在所有的跳跃和投掷项目运动中都或多或少需要肌肉进行向心收缩和离心收缩。肌肉离心收缩可防止运动损伤,但超出肌肉离心收缩所能承受的负荷,也会造成运动损伤。

肌肉在收缩时其长度不变,这种收缩称为等长收缩,又称为静力收缩。肌肉等长收缩时由于长度不变,因而不能克服阻力做机械功。等长收缩可使某些关节保持一定的位置,为其他关节的运动创造适宜的条件。要保持一定的体位,某些肌肉就必须做等长收缩,如做蹲起动作时,肩带和躯干的肌肉发生等长收缩以保证躯干的垂直姿势。在更复杂的运动中,身体姿势不断发生变化,因此肌肉的收缩形式也不断发生变化。

在整个关节运动范围内肌肉以恒定的进度进行的最大用力收缩且肌肉收缩时产生的力量始终与阻力相等的肌肉收缩称为等动收缩,也称为等速收缩。自由泳的划水动作就是典型的等动收缩。等动收缩与等长收缩具有本质的不同。肌肉进行等动收缩时,在整个运动范围内都能产生最大的肌张力,因此等动收缩练习是提高肌肉力量的有效手段。

骨骼肌是实现人体运动的动力器官。目前大量的研究已证实,科学的运动训练会引起骨骼肌纤维产生适应性变化,这种适应性变化主要表现在骨骼肌的形态、结构及功能等方面。经常参加体育运动的人,肌肉体积增大、重量增加,这主要是由于运动训练可以刺激肌纤维收缩蛋白的含量增加。研究也表明,耐力训练引起慢肌纤维横截面面积增大,而速度、力量训练则引起快肌纤维横截面面积增大。

肌肉内酶活性也随着运动训练发生显著性变化,耐力训练使肌纤维的有氧代谢酶活性提高,速度训练使无氧代谢酶活性提高。经过系统耐力训练,肌肉中线粒体数量增加,体积增大,肌肉有氧氧化生成ATP的能力增加。另外,经常参加体育运动锻炼者,肌肉中毛细血管数量增多,使肌肉血液供给得到改善。适度的体育锻炼通过使骨骼肌的结构发生适应性的变化,从而使骨骼肌的最大收缩力增加,持续收缩时间延长,整体收缩能力得到改善。

二、运动训练对心血管系统的影响

在运动过程中,器官组织还可以通过自身调节使心血管系统来适应运动的需要。主要有代谢性自身调节机制和肌源性自身调节机制两类。体内各器官的血流量一般取决于器官组织的代谢活动,代谢活动愈强,耗氧愈多,血流量也就愈多。在不同器官的血管,神经、体液和局部机制三者所起作用的相互关系是不同的。在多数情况下,几种机制起协同作用,但在有些情况下也可起相互对抗的作用的。运动过程中组织细胞代谢需要氧,并产生各种代谢产物,局部组织中的氧和代谢产物对该组织局部的血流量起代谢性自身调节作用。因此,当组织的代谢活动加强(例如肌肉运动)时,局部的血流量增多,故能向组织提供更多的氧,并带走代谢产物。

（一）运动性心脏肥大

耐久运动或从事强体力劳动者出现心肌生理性肥厚，并常伴有心动过缓，这被称"运动性心脏肥大"，也叫"运动员心脏"。它是由于运动而引起的心脏适应性增大。这种心脏增大，形态上表现为左室增大、室壁增厚的特征；机能上表现为运动时能持续较长时间高效率的工作。一般常见于某些耐力项目参加者，如马拉松、自行车、游泳、划船等。从理论上说，参加运动训练的时间越长，则心脏增大的可能性越大。

（二）运动对防治心血管疾病的作用

运动对心血管疾病防治作用的机制主要表现为中心效应和外周效应两方面。心血管疾病病人运动的中心效应主要有以下两大方面：

第一，运动训练能增加心肌侧支循环的生成，从而改善心肌的血液灌注和分布，预防或延缓冠状动脉粥样硬化的发展。

第二，运动训练能降低安静和运动时的心率及收缩压，从而使心肌的耗氧量下降；运动训练可以增加脉搏输出量，提高心肌细胞线粒体的数量和氧化酶及 ATP 酶的活性，增加心肌毛细血管的密度，从而提高心肌收缩力和氧的供应。

心血管疾病病人运动的外周效应主要包括以下三方面：

第一，通过外周骨骼肌和自主神经系统的适应性改变以及相应的血流动力学的改变，相对改善心脏功能，提高肌体的运动能力。

第二，运动训练后骨骼肌内线粒体数目增加及体积增大，有氧代谢酶活性增强，同时肌血红蛋白含量增高及肌糖原增加，从而使骨骼肌的有氧代谢能力增强。

第三，运动训练还可以增加毛细血管密度及刺激血管内皮产生内皮舒张因子，从而使血管功能储备力增强。

三、运动训练对呼吸系统的影响

呼吸是保证肌体维持正常生命活动的基本生理过程，它是通过呼吸系统来完成的。在运动过程中，呼吸系统的机能会发生一系列的适应性变化，在增强呼吸系统机能的同时也提高了组织对氧气的摄取能力，从而保证运动的顺利完成。

人体在运动过程中由于大量消耗能量，不但需要补充更多的氧，同时还要排除氧化时所产生的二氧化碳。随着人体活动状态不同,为了尽快排除体内产生的二氧化碳和摄取氧,肺的通气机能将发生相应的变化。安静时成年人的每分通气量为6升~8升,但剧烈运动时,随着呼吸频率的增加,每分通气量可增至80升~150升或更多。通气量的增大要通过呼吸运动的调节来完成。呼吸中枢进行呼吸调节要接收来自不同感受器的反馈冲动,包括肺的牵张反射、呼吸肌的本体感受性反射以及化学感受性反射等。运动过程中,随着运动强度的增加,每分需氧量也相应增大,但摄氧量能否满足需氧量取决于运动项目的特点。在持续时间短且强度大的运动中,即使氧的运输系统功能已经达到最高水平,摄氧量仍然不能满足需氧量而出现氧亏;在低强度运动的开始阶段,由于内脏器官的生理惰性,也会出现氧亏。

经常进行运动训练对呼吸系统的机能是有益的,主要表现在呼吸肌力量和耐力增强、肺活量增大和呼吸深度加深三个方面。

(一)呼吸肌力量和耐力增强

呼吸肌主要有膈肌、肋间肌和腹壁肌肉,此外肩部、背部和胸部的肌肉也可起到辅助作用,称为辅助呼吸肌。经常进行运动训练可使上述肌肉发达,使胸廓扩大,呼吸动作的幅度加大,呼吸差明显增加。呼吸肌耐力增强,表现在对长时间的工作耐受能力增强,并且呼吸肌不易疲劳。

(二)肺活量增大

经常进行运动训练的人,肺活量比同龄不锻炼的人大20%左右。这是因为剧烈运动时,呼吸深度和呼吸频率都相应增加,使呼吸肌加强活动,加大了胸廓的扩张能力,使肺泡的扩张能力增强,肺活量就逐渐增大。

(三)呼吸深度加深

经常性的运动训练加强了呼吸肌力量,可使呼吸深度增加,有效地增加肺的通气效率。一般正常人安静的呼吸频率为12次/分~18次/分,而经常参加运动的人可减少到8次/分~12次/分。在运动时如果过快地增加呼吸频率,会使气体往返于呼吸道,部分气体留在生理无效腔内使真正进入肺内的气体量反而减少。适当地增加呼吸频率,深而慢的呼吸对肺泡气的更新要比浅而快的呼吸多。

经常进行运动训练不仅可以提高肺的通气能力,更重要的是可以提高肌体利用氧的能力。一般人在进行体育活动时只能利用其最大摄氧量的60%左右,而经过体育锻炼后可以使这种能力得到很大提高。

第四节 体育运动训练理论发展的困惑与路径

一、现代运动训练理论发展的困惑

现代运动训练理论创建于20世纪60年代,它以"一般"和"普适性"训练规律为研究对象,立足于揭示运动训练的本质,并在认识论和方法论层面给予运动训练实践指导。中国运动训练理论是在70年代末从东欧原社会主义国家(苏联、民主德国等)引进,并结合中国竞技体育训练实践创建和发展的。伴随着中国竞技体育实践的快速发展,中国运动训练理论也不断得到了完善和拓展,逐渐成为中国竞技体育运动训练实践支撑理论。[1]

然而,在21世纪前后的20年,竞技体育发展的多极化与极值化,促使竞技体育发展方式发生了改变,这种改变的显性标志就是以奥林匹克各个运动项目和职业体育两大系统的赛事,形成了互为补充、发展有序的竞赛体系。赛事增多的变革,迫使原有的训练方式还未来得及进行调整与改变,从而导致传统的运动训练理论在解释和预见训练实践复杂性问题时遭遇到了困难。例如,经典的周期训练理论并未对当代世界高水平运动员全年"多赛制"的训练结构做出科学的解释:运动训练学理论在解释竞技能力及其结构时,更多的是在揭示各个竞技能力的构成及其训练,而各个能力相互之间关系的结构性关系却未做深入的探索;训练过程结构的大周期、中周期、小周期、训练课之间如何依据竞赛任务进行合理配置,负荷结构在小周期、中周期、大周期中如何优化,奥运周期怎样安排训练等,传统训练理论对于因赛制变革而带来的一系列新问题都缺乏必要的说明和阐释。于是,在运动训练理论研究领域,国内外展开了一场有关运动训练理论适应性、普适性问题的讨论,这些问题包括周期训练对高水平运动员适应性问题、板块训练和赛前减量训练问题、力量训练与技术训练问题、力量训练与耐力训练问题等。讨论没有得出结果,却引发了人们对运动训练

①谢宾,王新光,时春梅. 高校体育教学与运动训练研究[M]. 吉林人民出版社,2021.

理论研究方法论的思考。

二、现代运动训练理论的发展路径

针对以上困惑,下面就现代运动训练理论的发展路径提出几个建议:

(一)提出科学问题

提出科学问题是训练理论突破的着力点,它可以拉动运动训练理论研究。

运动训练理论研究本质上是揭示理论与实践关系的问题。解决训练实践问题,首先要确定问题,在问题的基础上去研究解决问题的理念与方法。

中国训练实践的科学问题是运动训练理论研究的逻辑起点,善于和勇于提出训练实践的科学问题,对于运动训练理论创新至关重要。要针对当前运动训练实践中存在的主要问题和主要矛盾。例如,训练科学化推进与理论整体创新能力不足的矛盾,竞技项目有效训练与训练方法体系缺失的矛盾,训练规律预见与相对基础性知识储备不足的矛盾等,这些问题和矛盾隐含着大量的训练规律。因此,对训练实践科学问题产生根源的追寻是极其重要的。运动训练实践科学问题根源可能来自以下几个方面:训练、竞赛组织的规律性;训练、竞赛过程结构的规律性;训练、竞赛环境的规律性;训练、竞赛非线性的规律性;竞技能力组分协同的规律性;训练方法配置的规律性。

(二)自主性创新

运动训练理论是竞技体育发展的重要智力资源,而如果中国竞技体育发展只依靠"举国体制"理论与实践的"引进、模仿"不可能持久,必须把运动成绩增长转移到依靠科学理论与方法的自主性创新上来。选择重点领域实施自主性创新研究,实现跨越发展。

中国运动训练理论研究必须要立足"自主",要充分考虑现有竞技资源与条件,对具有"中国模式"的训练成功经验进行自主性研究。例如,自主性研究我国长期保持优势竞技项目群背后的规律性、成功要素的结构与特征、成功的基本路径以及原理与机制等;自主性研究我国个别实现突破的竞技项目成功背后的"引进、消化、吸收、创新"的模式;自主性研究竞技体育运动训练中尚未解决的难题,如竞技高峰状态的保持、竞技能力系统发展与训练过程结构合理匹配等科学问题。

(三)重视专项训练理论建设

专项训练理论建设是一般训练理论的基础。运动训练理论在指导运动训练实践时具有

整体性性质,这不仅表现在宏观层面的普遍性或普适性上,更体现在微观层次针对专项的操作性上。运动训练理论在"一般"与"专项"两个层面相互补充、彼此约束,形成一个完整的集合。但是"一般"与"专项"运动训练理论在指导运动训练实践过程中显示出鲜明的层次性。一般运动训练理论从较宏观的、带有一般规律和共性的层面去阐明运动训练理论与方法,而专项运动训练理论则从微观的层面去揭示专项运动训练理论与方法,从而构成从一般到个别的理论体系。然而,我国专项运动训练理论建设令人担忧,尤其是落后项目运动训练理论大都是以教材的方式呈现,其结构和内容基本上套用一般运动训练理论模式,对专项运动训练发展前沿、专项运动训练规律、特质的认识仍停留在感性层面的经验总结,训练理念与方法的陈旧阻碍了专项竞技水平的提高。专项运动训练理论建设的不足必然影响到一般运动训练理论对各专项共性规律与方法的提炼,进而影响训练实践指导的效益与质量。

(四)加强研究运动训练理论的复杂性范式

运动训练是一个复杂系统。运动训练理论能否对运动训练的复杂性做出科学的解释和预见,是判断运动训练理论适用性的重要依据。复杂性研究范式强调的是被研究的系统对象具有鲜明的整体性。运动成绩或竞技能力的整体性是以其构成要素的结构而存在,构成要素之间是非线性相互作用的关系,不满足要素的加和性。运动成绩或竞技能力整体性具有"涌现"的属性,即运动成绩或竞技能力整体性所具有的特质是构成要素特质所不具有的。运动训练实践的复杂性迫使运动训练理论研究必须重新选择科学范式,复杂性研究范式为深刻揭示运动成绩和竞技能力提高的复杂机制和行为逻辑提供了可能性,无论是创造优异运动成绩还是提高竞技能力、其整体性都具有涌现的属性。这是理解运动成绩和竞技能力一个新的视角。尽管竞技体育训练理论的复杂性研究才刚刚开始,但是,理论研究实际上就是方法的研究,训练理论的突破和超越依赖于研究方法论的革命。

第五节 体育运动训练的发展趋势

如今,全民健身及可持续发展理念深入人心,受其影响,竞技体育活动也逐步走向科学化、和谐化,现代运动训练发展领域将更加宽阔、更加深入,出现了很多有关运动训练的新观念、新思路、新方法、新手段,并包含丰富的现代科技元素。人们不再满足于最初仅仅依照师徒相传的经验训练,而已经深刻地意识到,必须要在运动训练实践中应用新思想、新观念、新理论、新科技成果、新方法与手段、新器材仪器,这样才能更快地提高运动员的成绩,提高竞技水平。概括与把握当今运动训练科学化的发展趋势,有利于转换传统的训练观念、训练思路,找出其中存在的问题,达到育人和贯彻夺标竞技体育思想的目标。从近些年的运动训练实践来看,现代运动训练的发展趋势将会表现在以下几个方面:

一、运动训练科学化

运动训练科学化就是人们对客观规律正确认识后产生的行为原则、决策理论及方法学原理等,并运用这些科学原理、方法及先进技术组织实施并有效控制运动训练全过程,进而实现训练目标的动态进程。也就是说,教练员和运动员以科学理论与科学原理为指导,在各方面通力协作下,广泛运用现代科技成果,采用科学的训练方法与手段,对运动训练的全过程实施最佳化控制,以最小的付出取得最佳的训练成效和创造理想运动成绩的过程。科学化训练的基本内容包括科学选才、科学诊断、理想训练目标与目标模型、科学的训练计划、有效地组织与控制训练活动、科学组织竞赛、训练信息化、良好的训练环境,高效的训练管理等。

二、运动训练逐步系统化最优化

现代运动训练活动是以竞赛为导向的,以在竞技活动中取得一定的成绩的目的性活动,这是一个系统性的复杂工程。随着现代化的发展理念的形成,运动训练活动也逐步重视整个运动训练过程中的系统性安排与策划,从运动训练的实施到运动成果的取得,都离不开系统性的规划与计划,将系统控制思想与理念日渐与运动训练活动相融合,才能促使现代运动训练逐步走向系统化。而最优化的运动训练则要求运动训练要采取最适宜的训练方式方法,对训练的整个过程实行最高效、最低耗的训练组合,实行准确的信息反馈机制,根据运动员的实际情况制订最佳的训练计划,提高运动竞技能力。

三、运动训练更具有针对性与个性化、专项化与实战化、程序化

运动训练过程中有许多共性规律可循,由于运动训练的对象是人,世上没有完全相同的个体,有些个体甚至存在较大的差别。现代训练中,要针对每个运动员的竞技能力结构特点,确立适合于每个运动员个体特点的训练模式,实施个体化训练。现代运动训练正在向个体化训练的方向发展,针对性与个体化已形成一个必须遵循的原则。根据这一趋势,现代训练十分强调对运动员个体竞技状态和运动状态的诊断、运动员个体训练模式的建立和针对某一个体训练模式进行有针对性的个体化训练。

实践证明,保持和提高运动成绩的最好办法是不间断地进行该项目比赛时的最基本的练习模式。对专项训练来说,一定要强调训练的重复性和训练量的增加,其间不能穿插其他性质不同的刺激。研究也已证明,对运动员肌体起一般性和多方面作用的负荷要素转化为运动能力的时间较长,相反,对运动肌体起专门作用的负荷要素能较快地转化成运动能力。运动员在专项运动中所需求的身体素质只能通过自身的专项训练获得,因此,高水平运动员在进行身体素质练习时应减少辅助练习的种类和数量。

比赛本身(专项训练)是最系统、最完整、最理想的训练内容,专项训练和专项辅助训练是训练内容的核心,以赛代练、以赛促练、赛练结合、从实战出发,是当今运动训练的一个发展趋势。在其他条件不变的情况下,比赛数量的增多毫无疑问地提升了整个训练过程的平均负荷强度。在当前情形下,许多竞技运动项目通常采用降低全年平均训练负荷强度的方法,防止平均负荷强度过高。平常训练强度的相应降低,使全年的训练强度变化的"落差"增大。这种强度"落差"可使运动员从那些片面强调的大强度训练而造成的长期疲劳中解脱出来。

训练实践表明,要想训练成功,既要不断探索培养优秀运动员的捷径,在多年训练进程中,又必须遵循各个阶段的训练特点。如果企图超越全过程的阶段特点,就很有可能导致运动员出现早衰。

四、运动训练将被现代高科技理论与技术整体渗透

从运动训练角度讲,科学技术对运动训练的作用体现在以下三方面:

第一,人们不再满足于仅把运动成绩作为衡量训练效果的唯一标准,而是将评价的标准更多地投向训练的效率,即计算投入与产出的比值。这就要求从技术角度加大投入,微观上加强训练过程的监控,宏观上提高运动员成才率,缩短培养过程,延长运动寿命,即以最小的付出获得最大的效益。

第二,运动员的培养是一个系统、复杂和长期的过程。这个过程无论是纵向上的选才阶段、基础训练阶段、专项训练阶段和高水平训练阶段,还是横向上的专项特点、人体生长发育特点、运动员个体差异以及场地和设备条件等因素,都需要高科技理论和技术的支持。

第三,随着运动员竞技水平的提高,肌体各器官、系统的功能及它们间的协作不仅达到了相当高的水平,而且也越趋向或接近生理的极限。进入最佳竞技阶段的运动员,竞技能力发展的可塑空间逐渐减少,对训练负荷与手段的要求明显增加,运动成绩增长与运动损伤间的矛盾日趋突出。此时,只有依靠先进的科学理论与技术,才能使运动员各方面的潜能得以充分挖掘和最优匹配,促使运动成绩进一步提高。

五、运动训练将更加重视恢复

运动训练与恢复时刻相伴相生。对于高水平运动员来说,除比拼训练水平外,很大程度上也在较量体力的恢复能力。因此,如何消除疲劳就成为高水平运动员预防运动伤病、保持持续参赛能力和提高专项运动成绩的关键因素之一。合理的恢复要建立在多学科平台基础上,适时把握不同运动员比赛、训练和不同项目所消耗的能量及膳食特点,把握比赛或训练对运动员构成物质的消耗与营养因素构成的关系,配置相应的各种心理、生物干预措施,使营养恢复系统整体化、制度化和功能化。

从体能主导类项目训练的发展趋向看,除了加强传统上的恢复手段和措施外,一些力量训练与有氧训练也被作为提高恢复能力的重要手段,将被动的恢复转变为主动的恢复。全新的恢复理念使得人们已不仅从肌体疲劳恢复的专门措施与手段方面,而且从训练的负荷方面加强恢复能力的培养,从基础上提高运动员的恢复能力。恢复是一项非常复杂的工作,光

靠教练员是难以完成的,管理工作者、科技人员、运动医生、营养师等也都是运动恢复活动的积极参与者,把各方面人员结合在一起分别从不同的角度进行分工合作才能搞好恢复工作。

六、运动训练方法与理论在不同学科、项目和性别间相互借鉴、移植

多学科的基本理论与方法不同程度地渗透到现代运动训练科学的各个领域,从而使运动训练科学成为一门多学科交叉的综合性科学。任何一个竞技项目的发展进程中都必须与外界进行信息交流,这样不仅可以从其他项目中吸收对自己有用的训练理论与方法,也可以把自己科学的训练理论与方法传递给其他的项目。以间歇训练法的推广为例,德国的中长跑教练开创了间歇训练法,后被澳大利亚的教练移植于游泳训练而大获全胜。之后,间歇训练法又被移植在划船、自行车和速度滑冰等耐力性项目的训练中。

在竞技体育发展史上,许多运动项目男子的竞技水平高于女子,设立的时间也较女子项目早。因此,男子训练的经验为女子项目的训练提供了借鉴的可能,且这一趋势正越来越受到重视。

七、心理训练将专项深化

随着竞技体育竞争的日益激烈化,在竞技体育各项目中,心理训练不再是可有可无的鸡肋,尤其在备战奥运会等大赛中,心理训练更是得到普遍的强化与重视。心理训练的目的是帮助运动员提高和完善从事专项运动所必须具备的各种心理素质和个性心理品质,消除各种心理障碍,掌握调节心理状态的技能和方法,从而在训练和比赛中最大限度地挖掘和发挥运动员的潜能。不同类型的运动项目对运动员心理能力的要求不同。例如,在射击等技能类项目中,运动员心理能力的强弱将对比赛结果产生极为重要的影响。

八、强调力量素质训练

力量素质决定速度素质的提高、耐力素质的增长、柔韧素质的符合;力量素质是选才的依据,是运动素质的基础。几乎所有的竞技运动项目,不管是以技术和灵巧为主的非体能类项目、还是以力量为依托的体能类项

目、力量训练都受到教练员的重视。许多世界级优秀运动员,如德国赛艇队视力量为制胜之本,而著名游泳运动员布鲁因和波波夫一直将力量作为重要的训练内容。力量训练的发展动向与趋势为:当代力量训练的核心是专项力正训练,发展专项力量不仅要采用负重的专项技术练习,而且更重要的是改进"力量房"的训练,使其严格按照专项的运动方式、运动速度、肌肉收缩类型和发力大小等特点进行力量练习。力量分类的细化是当代力量训练的又一发展趋势,它促使力量训练在方法、任务、要求和检测等方面日趋细化。

第二章 体育运动训练原理与管理

运动训练原理是科学、合理的运动训练的基础;运动训练方法是在运动训练中,提高竞技水平、完成训练任务的途径和办法。

第一节 体育运动训练的原理与方法

一、运动训练的理念及发展创新

(一)运动训练理念

1.教育性训练理念

(1)教育性训练理念的内涵

在运动训练过程中,教练员要重视对运动员的文化教育和素质培养,并注意强调这一方面的重要性,从而使训练和教育紧密地融合在一起,达到训练与教育相结合、相协调、相促进的效果,这对于促使运动训练效果的提高具有积极的作用。[①]

(2)教育性训练理念的理论基础

教育性训练理念的理论基础是多方面的,为了对这一理念有一个更加深入、全面的了解,我们从以下两个方面来介绍其理论基础。

第一,运动员的健康成长与自身文化教育水平有密切的关系。运动训练是一种社会活动,这一社会活动能否顺利进行,主要取决于教练员、运动员、管理人员和科技人员等相关人员是否能够积极参与运动训练活动,并在活动过程中密切配合。由此可以看出,教练员与运动员这两个运动训练中的主体知识水平是影响竞技运动发展的重要因素。现阶段,在运动训练过程中,运动员主体性难以得到充分的发挥,而且运动员文化素质的培

养也没有得到应有的重视,所以导致以往运动训练中出现了一系列的不科学的现象,具体表现为以下几个方面:训练方法与手段单一,过分强调身体素质、战术修养、心理素质等的训练,轻视对运动员文化和人文素质的培养,使得大部分运动员在激烈竞争的训练和比赛中显得力不从心。这就在很大程度上制约了运动的发展,并且导致运动出现滞缓现象。

第二,运动员运动水平的提高与其自身的文化素质水平相关联。现代运动的较量,主要表现在体能、技能、心智能力等几个方面的较量。在某些条件下,心智能力要比体能、技能更重要,尤其是随着运动员年龄的增长,心智因素的影响就显得更为明显了。一般情况下,具有较高运动智能的运动员,之所以能够大幅度提高自身的竞技能力,除了由于能够较为深刻地把握运动的特点和规律,并且能够更准确地认识运动训练理论和方法外,还能够对教练员的训练意图有更正确的理解,在高质量地完成预订的训练计划中能够与教练员完美配合。与此同时,更准确地把握运动战术的精髓和实质,在比赛中灵活机动地运用战术,动员和控制自己的心理活动等也是高智能运动员竞技能力水平较高的重要因素。

2.人文操作性训练理念

(1)人文操作性理念的内涵

运动训练中,人文操作性理念的内涵主要从以下四个方面体现出来:强调对运动员的尊严与独立的重视;对运动员思想与道德的关注;对运动员权利的关注;对运动员生存状况与前途命运的关注等。

(2)人文操作性理念的理论基础

人文操作性训练理念的理论基础同样是多方面的,下面主要从三个方面来介绍人文操作性训练理念的理论基础。

第一,人的行为的实施在一定程度上受到其自身感知或信念体系的指导。人的行为受其自身感知或信念体系的影响。从人文主义、感知经验主义的角度上来说,人之所以能够有行为,主要是因为有人的感知或信念体系的指导。而从人本主义的角度上来说,所谓的人文操纵的方法,就是教练员或领导者必须按照他们的信念体系和他们要领导的运动员或人员的信念体系来认识领导工作。

第二,运动水平的提高,基础性的要求是与自然规律和价值规律相符合。运动是自然规律和价值规律的双重存在。现代运动训练要求讲求科学性,并且符合该项目运动的客观规律。因此,为了取得理想的训练效果,在进行运动训练时,不仅要符合科学规律,而且还要在追求目标与实现目标的过程中符合人类正常的价值规律。除此之外,不仅要体现人文特征,而且还要将科学性与人文特征相结合、相统一,从而达到真与善的统一。

第三,人的主体性是人文的重点,人与技术的关系因此更加明确。人文不仅凸显了技术的灵动,而且也摆脱了"技术"对"人"的控制,这就明确了人的主体性以及人与现代体育运动训练理论与方法探索技术的关系。运动训练的过程就是教育的过程,教育重视的是发展内在动力,行动力是由内在动力引导而来的。在运动训练中强调人文操作,不仅能够摆脱"技术"对"人"的控制,而且还能够摆脱金钱对运动的束缚,从而达到公平竞争、弘扬体育道德、培养人性、挖掘人的潜能的目的。除此之外,情感、责任感、态度、信念等,都在很大程度上决定着运动员的体能、技能、成绩等物化的成分,具有非常重要的现实意义。

3.技术实践性训练理念

(1)技术实践性理念的内涵

在运动训练过程中,运动员的训练不仅要符合运动训练的一般规律,而且还要符合竞技项目的本质特征及规律。运动员本身具有双重性,他们不仅是技术的主体,同时也是技术的客体。技术的物质手段作为客体与作为主体的主观精神因素是统一的。

(2)技术实践性理念的理论基础

下面主要从两个方面来介绍技术实践性理念的理论基础,同时这两个方面也是运动员在运动训练中要注意的两个要点。

第一,技术实践性理念要与事物的客观规律相符。技术实践性的基本要求就是求真。具体来说,就是运动的技术实践性训练要符合事物的客观规律,也就是说运动要与运动项目的本质特征及规律相符。所谓的求真,就是在运动训练过程中,要以运动的本质特点和规律为主要依据,科学指导运动训练过程,力争做到结合实际,并且与事物的客观规律相符合。

第二,技术实践性理念要遵循从实际出发的原则。在现代运动训练中,一切都要以符合实战为主,从实际出发和结合实战是对战术进行训练最有效的方法。运动员只有通过不断的练习,才能够在比赛中有轻松、熟练和优秀的表现。要想取得理想的比赛成绩,一定要做到积极训练,并且训练要与比赛的情况尽可能一致,最大限度地包括比赛过程中出现的所有因素,这样才能取得良好的训练效果。

(二)运动训练理念的发展创新

1.理念的融合和创新是竞技体育发展的重要推动力

从宏观上看,控制论、系统论和信息论被引入竞技运动训练,以及运动训练领域一些重大研究成果,例如,马特维耶夫的周期训练理论、雅克夫列夫的超量恢复学说等都引起了训练理念的重大变化。田麦久教授设计的"竞技能力结构特征模型"即"双子模型"是融合了木桶原理与积木模型;刘大庆教授提出竞技能力的"非衡结构与时空构架"是融合了时空观而产生的创新性成果;理念的融合与创新,需要思维的批判性、广阔性与合理性。这些理论或研究成果不仅本身成为训练理念的一个组成部分,而且促进了理念的发展,使人们在训练的计划性、系统性和控制等多方面形成了新的认识。澳大利亚游泳教练员卡来尔夫妇将德国中长跑教练员盖什勒和队医阿因德尔根据优秀运动员扎托贝克等训练实验创立的间歇训练法成功移植到游泳训练之中,使之大放异彩。之后间歇训练法又被善于联想的教练员们移植到速度滑冰、自行车、划船等耐力性项目训练之中,同样取得了好成绩;举重与跳跃、投掷力量训练方法的互相借鉴;跳水与体操陆上训练方法的互相借鉴,均充分说明竞技能力本质相近的项目之间训练方法的移植与融合能显示出其突出的优越性。这些都很值得竞技体育界广大教练员仔细钻研进行联想。Levine提出的"高住低训"高原训练理论,也是源于运动训练理念的融合与移植。这一训练理念被广泛地应用于耐力主导性项目中,模拟实验实际上就是融合与移植。据此,研究者常把自然界难以再生的现象或把需要创造的大型工程人为地模拟缩小到实验室内进行研究,把实验室的研究成果再移植到有待研究的事物环境之中。这些理念的融合与创新对训练实践的影响、运动成绩的提高、国际竞技运动的迅猛发展起到了巨大的推动作用。

2.运动训练的理念需要创新思维

回顾运动训练理念的发展,人们不难发现,运动训练理念一直是在科学理论与实践经验的不断冲突和碰撞过程中得到丰富和发展的。科学理论与实践经验的不断冲突和碰撞激发了竞技体育活动过程中的创新思维。在竞技体育活动中,研究者通常把研究对象的顺序、原理、属性、结构、大小等因素通过改变常规思考和处理方向,从而引发创新的理念,例如,力量训练方法中"正金字塔"与"倒金字塔"训练方法的应用、速度与耐力训练过程中组数与次数的逆变性组合都会对运动训练产生一定的影响;田径竞赛规则在田赛比赛中运动员轮次的变化也深刻地体现了逆变的色彩与效用。徐福生改变足球传统技术训练的教材顺序,从相对较难的运球技术入手,以突破技术为核心的侧向思维使得足球技术的掌握明显加快;球类项目中诸多类似"扬长避短""攻其不备"和"黑马奇兵"的战术变化,都是通过部分改变对象的顺序、原理、属性、结构、大小等因素或者是融合了其他思想而引发的创新思维,对竞技体育发展起到了推动作用。

3.运动训练理念的变化发展

运动训练活动是一种开放的物质活动,总是在不断地拓展和深化,并不是原有物质活现代体育运动训练理论与方法探索动的简单重复,因而必然会产生新情况,涌现新问题作为训练活动的指导思想也不是一成不变的,当原有的运动训练理念不能有效地阐释新情况和解决新问题时,就要求对运动训练理念进行创新,对运动训练的本质、规律和发展变化的趋势做出新的理论概括。在不同的时期和阶段,随着项目发展的形势和变化的需要,运动队和运动员的具体情况和特点各不相同,训练理念也在不断变化。这种变化反映了人们在使自己的思想符合客观实际,以形成正确的指导思想,促进训练的发展。不过,理念的主观形式与客观实际的统一也不是绝对的,而是相对的,因为人们的认识只能相对地逼近客观实际,而不可能穷尽客观实际。因为事物的发展变化是相对的,不以人的主观意志为转移的。随着运动训练实践的进一步发展,原来与客观实际相统一的理念又变得不那么一致了,并且差距越来越大,于是又需要创新。在当代科学技术快速发展并向竞技运动训练大规模介入和渗透的背景下,运动训练发生了深刻和巨大的变化,教练员的训练理念也在不断进行着补充与更新。实践已经证明,一个运动员成绩的快速提高乃至一个运动项目水平的快速发展,往往都与教练员训练理念的补充和更新密切相关。科技的进步、经济的发展、社会的繁荣,为运动训练理念的发展提供了必要的条件,同时也会催生出更新的运动训练理念,而原有的运动训练理念不会像人们所预言的那样进入衰退期甚至是衰亡期,而是经过一段时间的调整后,立足自身的优势,借鉴其他学科的长处,对自身进行有效的改造而获得新的发展。

二、运动训练的基本原理及原则

(一)运动训练的基本原理

1.运动训练的运动学基础

运动学基础主要指的是运动技能的基础。所谓运动技能,是指人体在运动中掌握和有效地完成专门动作的能力,也就是在准确的时间和空间里大脑精确支配肌肉收缩的能力。提高运动技能依靠人们对人体机能客观规律的深刻认识和自觉运用。人在参加运动的过程中,其动力是由骨骼肌不断地运动来提供的,骨骼肌在神经系统支配下,收缩牵动骨骼,维持人体处于某种姿势或产生人体局部运动,最终促进肌体完成运动所需的各种动作,而人体内脏器官的活动也离不开相应的平滑肌和心肌的作用。

(1)运动过程中人体机能的变化

比赛前后身体机能变化的基本过程,在运动训练的过程中,多重刺激源作用于运动员肌体,引起各器官系统的机能发生一系列变化。依据机能表现形式,大致可分为赛前状态、进入工作状态、稳定状态、运动性疲劳和恢复过程五个阶段。

赛前状态:运动员在训练前,某些器官、系统产生的一系列条件反射性变化称为赛前状态,赛前状态可出现在比赛前数天、数小时或数分钟。

进入工作状态:在训练活动开始后,虽然经过了一定的准备活动适应,但是人体并不能立刻达到最高的水平,而是一个逐步提高和适应的过程,这一过程被称为进入工作状态,其实质就是人体机能的动员。

稳定状态:当肌体逐渐适应比赛时,则进入稳定状态,这时,人体的机能活动在一段时间内保持在一个较高的变动范围。

运动性疲劳:肌体在运动过程中会产生一定的运动能力暂时下降的现象,一般称之为运动性疲劳。该现象是由运动训练负荷引起的一种正常的生理现象。适度的疲劳可以刺激机能水平不断提高,但发展到一定程度时就会出现过度疲劳,可能会造成肌体损伤以致损害健康。

恢复过程:恢复是指人体在运动之后,人体的各项生理功能恢复、能源物质补充、代谢物排出等一系列变化。运动时体内代谢过程加强,不间断地代谢以满足运动时能源的补充需要,在运动中及运动停止后能源物质都在不断进行补充和恢复,只不过运动中的能量消耗大于补充,运动后的体内能量消耗慢而小于补充。

(2)一次训练中身体机能变化的基本过程

人在运动过程中,运动训练负荷作为一种刺激,必然会引起各器官系统机能发生一系列应激性反应。在运动训练前后,这些反应可表现为耐受、疲劳、恢复和消退等不同阶段。

耐受阶段:在运动训练开始阶段,人体的各项机能会在一定的水平上维持一段时间,并不会马上表现出衰减或降低,这一阶段称为"耐受阶段"。在这段时间内,由于肌体已经从上次训练课中得到不同程度的恢复,会表现出比较稳定的工作能力,能高质量地完成各项训练任务。训练的主要任务正是在这个阶段完成的。

疲劳阶段:经过一定时间的运动训练负荷的刺激,人体会产生一定的疲劳状况,机能和效率都会逐渐下降。达到何种程度的疲劳深度,正是训练安排所要达到的目的。只有肌体达到一定程度的疲劳,在恢复期才能发生结构与机能的重建,运动能力才能不断得到提高。

恢复阶段:训练结束后,即进入了恢复阶段,肌体开始补充所消耗的能源物质、修复和重建所受到的损伤并恢复紊乱的内环境。肌体在恢复阶段恢复的速率,主要受两方面影响:一方面,身体的耐受阶段持续时间的长短,耐受阶段持续时间越长,则疲劳程度越深,恢复需要的时间就越长;另一方面,运动结束后能量的补充是否及时,能量补充越及时到位,则恢复的速度越快。

消退阶段:超量恢复不会一直持续,它会随着时间的推移而逐渐消失,如果不及时在超量恢复的基础上施加新的刺激,已经形成的训练效果则可能会逐渐消退。

运动效果保持的时间和消退速率主要取决于超量恢复的程度,所出现的超量恢复现象越明显,保持的时间相对越长。因此,在安排运动训练的内容时,不仅应重视训练负荷安排的合理性,而且必须重视运动训练后的恢复,并在出现超量恢复后及时安排下一次训练。

(3)运动训练对人体运动系统的影响

经常参加运动训练对人体运动系统有着重要的影响,其影响主要表现在以下几个方面：

其一，运动训练对肌肉的影响。参加运动训练能够充分地发展骨骼肌，使肌纤维增粗，肌肉的体积增大，肌肉力量增加。该项运动能够使肌纤维中线粒体数目增多，肌肉中脂肪减少，从而减少肌肉收缩时的摩擦，即肌内膜、肌束膜、肌腱和韧带中的细胞增殖、增厚、坚实、粗壮；肌肉内化学成分发生变化，如肌糖原、肌球蛋白、肌动蛋白和水分等含量都有增加，从而使ATP加速分解，与氧的结合能力增强，有利于肌肉收缩，表现出更大的力量，可使肌肉中毛细血管增多，改善骨骼肌的供血功能。因此，经常参加运动训练的人的肌肉会显得发达、结实、健壮、匀称有力，收缩力强，运动持续时间更长。

其二，运动训练对骨骼的影响。青少年新陈代谢旺盛，在这一时期进行合理的运动训练，对骨的生长和发育有着良好的作用。经常参加运动训练，可使骨表面的隆起更为显著，骨密质增厚，管状骨增粗。这一系列骨形态结构的改变，使骨的抗压、抗弯、抗折断和抗扭转等机械性能得到提高。

骨的这种良好变化，与肌肉的牵拉作用有密切关系。肌肉力量的增加与骨量的增加有着显著相关性，且骨量增加部位与肌肉训练部位有关。当肌肉力量增大，肌肉收缩对骨骼产生的应力刺激可有效提高成骨细胞的活性，可有效延缓中老年骨量的流失。

其三，运动训练对关节的影响。定期适量的运动训练可以使骨关节面的密度增加，骨密质增厚，从而越发能够承受更大的运动训练负荷。由于运动训练项目不同，它对关节柔韧性所起到的作用也就不同。如乒乓球、羽毛球、篮球等项目，对于参与者的急转、急停能力的要求极高，这就需要参与者拥有良好的关节柔韧性。同时，关节的稳固性和灵活性又是一对矛盾，因为肌肉力量大，韧带、肌腱、关节囊就会增厚，这对关节稳固性和防止关节损伤有很大好处，但这样又势必会影响关节的灵活性。所以，在进行运动训练时，运动者要处理好关节的这对矛盾。

2.运动训练的生理学基础

（1）物质代谢

食物中包含多种营养素，人体从食物中摄取各种营养物质，经血液循环输送到人体各器官，通过相应的代谢为人体提供能量。糖、脂肪和蛋白质等营养物质经被人体吸收后,人体的组织、细胞一方面通过合成、代谢构建和更新自身储存的能源物质,另一面通过分解代谢(氧化分解)以产生能量。

(2)能量代谢

在进行不同项目的训练时,运动者应根据自身的年龄、身体条件以及个人需要来选择适合的能量系统作为主导作用的运动项目,同时还要注意所选择的运动手段和项目的科学化。运动者除了选择有氧氧化系统的项目外,还可以适当选择乳酸系统供能的项目,发展身体的无氧耐力。

在人体运动过程中,人体运动形式的不同,其不同的能量代谢系统提供能量的能力和速率也会不同。总的来说,人体在运动过程中,各供能系统之间的关系与运动训练负荷的强度和持续时间密切相关。在0秒~180秒最大运动时,各供能代谢系统的基本活动主要表现为如下特点:在1秒~3秒的全力运动中,基本上是由ATP(腺苷三磷酸)提供能量的;在完成10秒以内的全力运动时,磷酸原系统起主要供能作用;30秒~90秒最大运动时以糖酵解供能为主;约为2分钟~3分钟的运动,糖有氧氧化提供能量的比例增大;而超过3分钟以上的运动,则基本上是有氧氧化供能。

大量的运动实践表明,随着人体运动时间的延长,供能物质以糖有氧氧化为主逐渐过渡到以脂肪氧化为主。总之,人体在运动中,并不是由一个供能系统完成供能的,在一个要供能的系统基础上,其他的供能系统也会参与其中,共同完成人体运动所需要的能量供应。每个供能系统都有其独特的特点和供能能力,供能系统不同,所需要的能源物质也不同,运动中的输出功率和供能时间也会有明显的差异。

(3)运动与呼吸

运动员在运动训练的过程中,肌体与外界环境之间的气体交换称为呼吸。呼吸系统包括呼吸道和肺,而呼吸道是一列呼吸器官的总称,这些器官包括鼻、咽喉、气管、支气管。人体的呼吸过程由外呼吸、内呼吸和气体运输三个环节构成。

呼吸系统是氧运输系统的重要组成部分,其主要机能是实现肌体与外界环境的气体交换,以使血液中的氧分压、二氧化碳分压、酸碱度维持在正常生命活动所允许的范围之内。人体通过肺实现与外界气体的交换,通过血液实现气体的输送和排出。人体在运动时,肌体代谢旺盛,所需氧量及二氧化碳排出量明显增加,呼吸系统加强,所以运动训练(特别是耐力训练)必将使呼吸系统的形态、机能产生适应性变化。

呼吸肌主要是膈肌和肋间外肌。当膈肌收缩时腹部随之起伏,肋间外肌收缩时胸壁随之起伏。因此,以膈肌运动为主的呼吸形式称腹式呼吸,以肋间外肌运动为主的呼吸运动称胸式呼吸。成人的呼吸一般都是混合式的。呼吸形式与年龄、生理状态、运动专项等因素有关。在进行运动训练时,要根据动作的特点灵活转变呼吸方式。

(4)运动与心率

心率是运动生理学中最常用而又简单易测的一项生理指标。在运动实践中常用心率来反映运动强度和运动训练对人体的影响,并用于运动员的自我监督或医务监督中。成年人静息时心率在60次/分~100次/分,平均为75次/分,但由于年龄、性别、体能水平、训练水平和生理状况的不同而有所不同。

一般来说,人的心率会随着年龄的增长而有所减慢,至青春期时接近成年人的频率。在成年人中,女性心率比男性快3次/分~5次/分。有良好训练经历或体能较好者心率较慢,尤其是优秀耐力运动员静息时心率常在50次/分以下。在运动的过程中,人的心率会逐渐加快。运动强度的增加,心率也会相应地增快,因此,心率也是判断运动训练负荷的一简易的指标,能够在一定程度上反映运动员的体能水平以及运动训练的水平。

(二)运动训练的原则

运动训练的原则是运动员参加运动训练需要遵循的基本准则。这些原则是在长期运动训练实践中积累起来的具有普遍意义的概念总结和有关科学研究的成果,反映了运动训练的客观规律。运动训练中运动员如不遵循这些基本原则,盲目地进行训练,不仅不能促进身心全面发展,获得良好的训练效果,反而会易引起运动损伤或者运动性疾病,损害健康。

1.竞技需要原则

竞技需要原则即指根据提高运动员竞技能力及运动成绩的需要,从实战出发,科学安排训练的阶段划分及训练的内容、方法、手段和负荷等因素的训练原则。贯彻这一原则可使训练更好地结合专项特点和专项竞技比赛的需要,提高运动训练的专项针对性、实战性和实效性,争取获得满意的竞技比赛成绩。

贯彻竞技需要原则,需要注意以下几个方面:

第一,要围绕运动训练的基本目标,全面安排好训练和比赛。正确分析专项竞技能力的结构特点。每个运动项目由于其专项的特异性,决定了其竞技能力构成因素的差异性。对不同专项竞技特点和运动员竞技能力结构特点的分析,正是我们确定不同项目训练负荷内容的重要基础。据竞技需要原则的要求,负荷内容和手段的选择是由不同专项竞技能力的主要因素与运动员自身的具体情况决定的。

第二,注意负荷内容的合理结构。在训练过程中,在熟练掌握合理动作的基础上,应将主要精力放在如何更有效地提高体能水平上,以获得更大的力量、更快的速度和更强的耐力来实现竞技水平的不断提高。同时,对同一项目的不同运动员,还要求根据运动员自身竞技能力的特点和对手的特点,安排好心理训练的内容和手段。

2.动机激励原则

所谓动机激励原则,指的是促使运动员在以个体为主的运动训练过程中,更好地激励其培养具备良好的运动训练动机和行为,在完成训练任务的过程中更加积极主动训练的原则。在运动训练中,要通过各种合理的途径和方法激励运动员主动从事训练。

遵循动机激励原则就是要不断激励运动员的运动训练积极性和主动性,培养其自我调控能力、独立思考能力以及创造能力。有如下几个方面的具体要求:

第一,要满足运动员的基本生活需求。实践证明,人们只有在基本物质需求得到一定保障之后,才会进行更好层面的追求。所以,在运动训练中,运动员的物质生活需求要得到一定的保障,同时还要注意其人身安全等。只有这样,才能更好地引导其形成实现自我价值的更高层次的目标和追求,从而产生良好的运动训练动机。

第二,要对运动训练的目的性和运动员正确的价值观进行培养,使其逐步形成自觉从事运动训练的态度和动机,引导其从不同的角度和层次认识参与运动训练的意义和价值,培养其正确的价值观。

第三,在运动训练中,要以运动员为主体。这就要求教练员在对运动员进行运动训练时,必须注意以下几个方面:一是明确运动员的主体地位;二是注意有意识地培养运动员独立思考的能力;三是要引导运动员提高和加强自我反馈的能力,培养运动员进行自我分析和评价的能力。

第四,在运动训练中,要选择科学的训练方式。对于过去那种简单、粗暴的"从严"训练方式,教练员要在正确认识和理解"从严"含义的同时,结合现代科学合理的方式对其进行调整和改变。

3.适宜负荷原则

在训练过程中,要根据训练任务、对象水平与要求,科学合理地在各个训练环节中提高运动训练负荷量,直至达到最大负荷要求,这就是所谓的适宜负荷原则。因此,首先要以训练任务和对象水平及每个练习的目的、要求、负荷为主要依据来对运动训练负荷进行科学合理的安排。在训练过程中,运动训练负荷要经过加大、适应、再加大、再适应这样一个逐步提高的过程。

在球类运动的训练中,加大运动训练负荷,直至最大限度,首先要从训练任务和运动员身体状况、机能能力和训练水平出发,考虑运动训练负荷安排的合理性。训练过程的不同时期、周期、阶段及每一节训练课的任务都有所不同,运动员承受运动训练负荷的能力也不同,这主要反映在运动员承受负荷能力的大小和恢复的快慢上,以及对负荷强度和负荷量的承受能力上。因此,只有根据训练的不同任务和运动员的训练水平安排运动训练负荷,才是合理的。同时,在运动训练过程中,运动训练负荷的加大必须循序渐进。在加大运动训练负荷过程中要处理好负荷量和负荷强度的关系,掌握好负荷与恢复的关系。除此之外,需要注意的是,运动训练负荷的增加必须达到极限。因为只有极限负荷的刺激,才能将运动员肌体的机能潜力充分挖掘出来,并且经过不断地训练形成超量恢复,才能够提高运动员的身体素质和运动水平,达到参加激烈比赛、创造优异运动成绩的要求。

4.周期安排原则

周期安排原则是指周期性地组织运动训练过程的训练原则。依运动员肌体的生物节奏变化规律,竞技状态形成与发展的周期性规律,以及运动竞赛安排的周期性特点,按一定的动态节奏,循环往复、逐步提高安排训练内容和负荷量度。

贯彻周期安排原则要掌握以下几点:

（1）掌握各种周期的序列结构

了解各种周期的时间构成及其应用范畴,对于教练员在训练实践中贯彻周期安排训练原则是一个必不可少的重要条件。

（2）选择适宜的周期类型

贯彻周期安排时,要考虑到选择适宜的周期类型。例如,确定年度训练的安排时是采用单周期、双周期还是多周期;第一期的训练应该是加量周期、加强度周期还是赛前训练周期。

（3）处理好决定训练周期时间的固定因素与变异因素的关系

周期安排原则的依据是人体竞技能力变化和适宜比赛条件出现的周期性特征,其中,后者是决定训练周期时间的固定因素,而前者则是变异因素。因为重要比赛日程的安排通常与某个项目最适宜的比赛条件的出现是一致的而且通常在上一年度即已确定。尽管人体本身受着生物节律的影响,但它并非绝对不变,人们完全可以通过训练安排使其在特定的时间里表现出最佳的竞技状态。竞技状态的发展过程是可以由人来控制的,教练员应努力做到有把握地调节这一变异因素,使之与特定的比赛日程安排相吻合。

（4）注意周期之间的衔接

把一个完整的训练过程划分成若干个较小的周期之后,人们往往会忽视各周期之间的衔接,主要表现在注重训练过程的阶段性而忽略了连续性。整个训练过程中不同时间跨度的周期组成了一个连续发展的过程,因此在具体的训练过程中应特别注意周期之间的衔接。

5.区别对待原则

区别对待原则是指在运动训练中要根据运动员各方面条件及不同训练条件和不同训练任务等,有区别地确定训练任务,对训练方法、内容、手段和负荷有相应的安排。运动员在身体条件、心理品质和个性特征等方面都表现出明显的差异,因此在训练中要始终遵循和贯彻区别对待的原则。贯彻区别对待原则,有利于发掘运动员的潜力,防止训练中个别人脱离整体现象,只有进行正确的区别对待,有的放矢地进行训练,才能取得良好的训练效果。

遵循和贯彻区别对待原则,需要注意以下几个方面:要根据运动员的不同特点,合理安排训练;在整个运动训练中,要针对个人和全队的要求,对项目分工不同的运动员,应制订专门的训练计划,以满足实际需要;区别对待原则要贯彻始终,包括每次训练课和每次早操,除有共同要求外,都要针对运动员自身的不同情况提出要求,并采取相应的措施,处理好每个环节。

6.直观训练原则

直观训练原则是一种非常重要的运动训练原则,它是依据直观性与动作技能形成的教学论原理所确立的大学生运动员必须遵循的准则。其主要目的是为了使这些大学生运动员能更有效地完成技术、战术和智力训练的任务。在教学过程中,直观性教学有很多种手段和方法,而且现代运动训练更加强调直观性原则的运用。运动训练中,尤其是训练初期,遵循和突出教学训练的直观性十分重要,具体来说,应注意以下几点:

(1)合理地选用直观手段

选用各种直观手段时要注意选择那些目的性最强、最有成效的手段,必须明确所选的各直观训练手段所能解决的主要功能,并根据不同对象、不同运动项目和训练内容的特点,选择和应用有针对性的直观手段。

(2)根据运动员的个体特征选择直观手段

选择和运用符合运动员个体的特点及训练水平的直观手段,且对不同训练水平的运动员在训练时应采用不同的直观方法和手段,同时,还要注意采用不同的训练强度。

(3)运动训练中,应先进行直接示范

使运动员掌握到一定的水平后,再通过录像、图解、直接观摩优秀运动员的表演和比赛等手段,同时结合清晰、准确、形象的讲解,以及教练员对运动员技术动作的观察分析,经过研究讨论,来启发训练者进行积极思维活动,并逐步找出体育运动的规律性。

(4)注意掌握运用直观手段的时机和方法

要根据不同年龄阶段运动员的感觉器官发育的敏感发展期的不同,合理地选择和运用直观手段。教师可用语言信号、固定的身体姿势或慢速动作,来加深运动员对空中的方位、肌肉用力情况进行体会。

7.系统训练原则

在现代运动训练中,只有坚持进行多年不间断地系统训练,对所要掌握的运动技能进行不断重复和巩固,才能完成运动技能系统化积累。另外,这种多年的系统性训练也是在现代竞技运动中获得优异运动成绩所不可或缺的一环。多年的系统训练和周期性训练是贯彻系统性原则的重要手段。

在现代运动训练中,贯彻系统训练原则要做到以下几点:要做好训练的周期性安排,要使身体训练与技能训练相结合;在比赛期,要制定良好的调整运动量的措施,以使其在比赛前进入最佳竞技状态;制订训练计划时要重视训练的持续性和连贯性,并应考虑大学生多年的、系统的训练计划,同时,还应完善训练大纲;教练员必须做好各训练阶段之间的连续性工作及相互间的有机联系和交叉衔接;安排运动训练时,教练员要按"易——难、简——繁、浅——深"的原则安排训练工作,同时,还要合理地安排和选择训练内容、方法与手段。

8.适时恢复原则

适时恢复原则是指及时消除运动员在训练中所产生的疲劳,并通过生物适应过程产生超量恢复,提高肌体能力的训练原则。在运动员疲劳达到一定程度时,应依照训练的统一计划,适时安排必要的恢复性训练,采取有效的恢复措施,使运动员的肌体迅速得到充分的恢复和提高。贯彻适时恢复原则要注意以下两点:

(1)准确判别疲劳程度

准确判别疲劳程度,是适时恢复的重要前提。运动员疲劳程度的判别,通常是根据自我感觉和外部观察来进行的,也常常采用一些比较客观的生理和心理测试方法。

(2)积极采取加速肌体恢复的适宜措施

例如,训练学恢复手段,医学、生物学恢复手段,营养学恢复手段,心理学恢复手段。

三、运动训练的方法及创新性探索

(一)运动训练的方法

运动训练采用的方法有很多,具体要根据实际情况和需要进行有针对性的选用,以达到最佳的训练效果,下面介绍几种常见的训练方法:

1.分解训练法

分解训练法指的是将完整的技术动作或战术配合过程合理地分成若

干个环节或部分,然后按环节或部分分别进行训练的方法。在需要集中精力完成专门训练任务,对主要技术动作和战术配合环节的训练进行加强时,适合采用分解训练法进行训练,这样可使训练取得更高的效益。分解训练法有着自己的适用范围,主要适用情况包括技术动作或战术配合过程较为复杂、可予以分解、且运用完整训练法又不易使运动员直接掌握的情况下,或者技术动作、战术配合的某些环节需要较为细致的专门训练。

纯分解训练法、递进分解训练法,顺进分解训练法、逆进分解训练方法是较为常见的四种分解训练法类型。

2.完整训练法

完整训练法指的是从技术动作或战术配合的开始到结束,不分部分和环节,完整地进行练习的训练方法。完整训练法的运用可以帮助运动员对技术动作或战术配合进行完整的掌握,更好地保持技术动作或战术配合的完整结构和各个部分之间的内在联系。

完整训练法具有广泛的适用范围,既包括单一动作的训练,也包括多元动作的训练;有个人成套动作的训练,也有集体配合动作的训练。但是在不同的范围内运用时,要注意有所侧重。

3.持续训练法

持续训练法是指负荷强度较低、负荷时间较长、无间断地连续进行练习的训练方法。练习时,平均心率应在每分钟130次～170次。持续训练主要用于发展一般耐力素质,并有助于完善负荷强度不高但过程细腻的技术动作,可使肌体运动机能在较长时间的负荷刺激下产生稳定的适应,内脏器官产生适应性的变化,可提高有氧代谢系统供能能力以及该供能状态下有氧运动的强度,可为进一步提高无氧代谢能力及无氧工作强度奠定坚实的基础。

根据训练时持续时间的长短,可以将持续训练法分为短时间持续训练方法、中时间持续训练方法、长时间持续训练方法三种类型。

4.间歇训练法

间歇训练法是指对多次练习时的间歇时间做出严格规定,使肌体处于不完全恢复状态下,反复进行练习的训练方法。运动员在严格的间歇训练过程中,心脏功能能够得到明显的增强。通过运动训练负荷强度的调节,肌体各机能与有关运动项目相匹配的适应性变化也会产生。通过不同类型的间歇训练,可以有效地发展和提高糖酵解代谢供能能力(或磷酸盐与糖酵解混合代谢的供能能力、糖酵解与有氧代谢混合供能能力、有氧代谢供能能力)。通过对间歇时间的严格控制,可以使运动员在激烈对抗和复杂困难的比赛环境中发挥出更加稳定的技术动作。在较高负荷心率的刺激下,有利于促进肌体抗乳酸能力的提高,从而能够保证运动员在较高强度的情况下仍具有持续运动的能力。高强性间歇训练方法、强化性间歇训练方法以及发展性间歇训练方法是间歇训练法的三种基本类型。

5.变换训练法

变换训练法是在综合考虑实际比赛过程的复杂性、对抗程度的激烈性、运动技术的变异性、运动战术的变化性、运动能力的多样性以及中枢神经系统的灵活性等因素的情况下提出的。所谓的变换训练法就是指对运动训练负荷、练习内容、练习形式以及条件进行变换,以使运动员的积极性、趣味性、适应性及应变能力得到提高的训练方法。通过运动训练负荷的变换,能够产生肌体与有关运动项目相匹配的适应性变化,从而使承受专项比赛时不同运动训练负荷的能力得到提高。通过变换练习内容,能够使运动员的训练更加系统,并使运动员的不同运动素质、运动技术和运动战术得到协调的发展,从而使之具有更接近实际比赛需要的多种运动能力和实际应用的应变能力。

依据变换内容的不同,可以将变换训练法分为形式变换训练方法、内容变换训练方法和负荷变换训练方法三种类型。

6.重复训练法

重复训练法指的是多次重复同一练习,并在两次(组)练习之间安排相对充分的休息时间的训练方法。采用重复训练法,多次重复同一动作或同组动作,经过不断强化运动条件反射的过程,有利于运动员对技术动作的掌握和巩固。通过相对稳定的负荷强度的多次刺激,可使肌体较高的适应性机制尽快产生,有利于运动员身体素质的发展和提高。单次(组)练习的负荷量、负荷强度及每两次(组)练习之间的休息时间是构成重复训练法的主要因素。静止、肌肉按摩或散步通常采用的休息方式。

依据单次练习时间的长短,可以将重复训练法分为短时间重复训练方法、中时间重复训练方法和长时间重复训练方法三种类型。

7.循环训练法

循环训练法指的是根据训练的具体任务,将练习手段设置为若干个练习站,运动员按照既定顺序和路线,依次完成每站练习任务的训练方法。运用循环训练法可使运动员的训练情绪得到有效的激发,并且使负荷"痕迹"得以累积,不同体位得到交替刺激。每站的练习内容、每站的运动训练负荷、练习站的安排顺序、练习站之间的间歇、每遍循环之间的间歇、练习的站数与循环练习的组数是循环训练法的结构因素。运用循环训练法,可以使不同层次和水平的运动员的训练情绪和积极性得到有效提高;可以使运动训练过程的练习密度得到增加;可以随时根据具体情况因人制宜地加以调整,做到区别对待;可以防止局部负担过重,延缓疲劳的产生,对全面身体训练非常有利。在实践中,循环训练法中有"站"和"段"的说法,其中的"站"指的是练习点,如果一个循环内的站数中,有若干个练习点是以一种无间歇方式衔接,那么这几个练习点的集合可称之为练习"段"。"站"和"段"是安排循环练习的顺序时应该考虑的。

以各组练习之间间歇的负荷特征为依据,可以将循环训练法分为循环重复训练方法,环间歇训练方法和循环持续训练方法三种基本类型。

8.比赛训练法

比赛训练法指的是在近似、模拟或真实、严格的比赛条件下,按比赛的规则和方式进行训练的方法。比赛训练法的提出有着一定的依据,包括人类先天的竞争和表现意识、竞技能力形成过程的基本规律和适应原理、现代竞技运动的比赛规则等因素。运动员全面并综合地提高专项比赛所需要的体、技、战、心、智各种竞技能力可以通过比赛训练法的运用而实现。

教学性比赛方法、模拟性比赛方法、检查性比赛方法和适应性比赛方法是较为常见的四种比赛训练法的类型。

9.综合训练法

综合训练法是指把重复训练、循环训练、变换训练等各种训练法结合起来运用,或者在一组训练中安排各种技术训练、灵敏训练、力量训练等多种内容的训练方法。

在训练实践中,以上各种训练方法并不是单一的存在和使用的,因此,需要通过综合训练来灵活地调节运动员的训练负荷与休息,使其更圆满地达到训练要求,从而促进运动员运动素质和运动水平的全面提高。

综合训练法变化很多,组合多样,具体可以根据不同性别、年龄、身体状况、锻炼水平的运动员的需求进行适当地变化、调整,以期取得理想的训练效果。

随着现代科学技术的进步,运动训练方法从理论到实践不断推陈出新、日新月异。目前,社会各界有识之士非常重视改变传统经验的训练法,借助新的科学理论(如系统论、控制论、信息论等),运用新的模式的训练方法正在不断被尝试和创新。

当前,随着竞技体育运动的发展、科学技术的进步以及人们认知的不断提升,运动训练的方法正在向多样化的方向发展,训练方法日益多样化主要得益于运动员和教练员在运动训练方面积累了丰富的经验,因此,他们总结了多种多样的训练方法来指导训练实践。现代运动训练更加注重实效性和技术完善。传统训练方法在运动训练中得到了保存,同时由于高科技手段的引进,新的训练方法在运动训练中不断得到应用,新的训练方法与传统的训练方法相结合,使得运动训练更加科学、有效,正因如此,才促使运动员不断突破极限,在比赛中不断刷新纪录。

(二)运动训练方法的创新性探索

时代在发展,科技水平在不断提升,运动员的竞技水平、训练的层次和维度也在相应地提高,这就对训练方法提出了新的要求。

1.破旧立新

所谓破旧立新,就是要打破原来固定的训练方法,从训练手段、训练思路等方面人手树立新的训练方法。例如,教练员平时要经常对自己的训练方法加以审视,看看自己的训练方法是否已经成为一种思维定式,是否已经过时,是否对运动员训练到一程度就难以再提高了,是否训练水平落后于形势的发展,等等。许多陈旧的方面必须通过创新来改变其面貌、改变其效益,从而提高训练效果。立新要以创造性思维去思考、解决各种问题,去寻找新的突破口,开辟新途径,去发现新的思路、观点、方法、手段等,才能获取新的成效。

2.逆向思维

训练目标、训练计划、训练方法等内容往往容易习惯依据传统观念、经验和权威人士的意见来思考,容易将自己框定在一定的模式中去思考、解决问题,逐步形成了思维定式,慢慢抹杀了创新思维及创新方法的思路。我们要充分认识到,要适应现代形势发展,就要善于转换思维方式方法,善于用逆向思维法去突破传统的观念、经验或权威人士的束缚,突破陈旧的思维定式,去开创、形成新的思维定式,激励自己树立新思想、新观念,总结新经验,开创新的训练思路,进行新的训练决策等。

3.克弱转强

运动员在训练过程中,要善于主动地挑剔自己的弱点、缺点或不足,并对其作为探索研究的基准点,努力攻克它,使弱转化为强,从中获得创新的成功。假如在训练中,采用某一训练方法而得不到预期的效果,这并非教练员训练方法的问题,而是在于自己的训练方式,这时应该对训练方法加以深入剖析,找出其不足或落后的方面,并加以弥补、修正,创造出新的训练方法。通过克弱转强法,从中不断创新,使训练得出成效。

4.移花接木

现代知识的综合运用程度越来越高,新成果大量地涌现,知识的渗透力越来越强,综合聚变效应也越来越强。我们要善于将其他学科中的原理、规律、方法等移接到本领域的运动训练理论体系中去,进行巧妙的衔接,创造出新的高效的训练原理、规律、方法等,从而有效地促进自身学科的不断发展与壮大,提高训练效果。如"系统论、信息论、控制论"移接到体育各个领域中已发挥出巨大的效果,有力地促进了体育科学的发展。

第二节 体育运动训练的过程监控与管理

为了客观地控制运动训练过程,必须对运动员经过相当长时间的训练之后(阶段状况),在训练课和小周期负荷量影响下(平时状况),以及在一些具体练习负荷量的影响下(当时状况),机能状况的变化进行监控与管理,以便了解运动员在经过相当长时间训练的影响之下,身体状况的变化,并据此研究下一个大周期或是训练时期的战略措施。[1]

---

[1]祝林.体育运动训练有效性的提升探究[J].文体用品与科技,2021,12(12):39-40.

一、运动训练过程监控的理论体系

近年来,虽然我国的体育运动训练在科学性上有所增强,但从世界整体运动训练过程来看,我国运动训练还停留在较低的水平上。针对这一问题,专家学者们从不同层面探讨了其解决方法,并提出不断加强对运动员运动训练过程的科学监控这一观点,然而要进行运动过程的科学监控,不仅需要形成制度化、规范化和系统化的监控方式,还需要建立运动训练过程的理论体系,这两方面就我国的情况而言,显然是还没有实现的。本节即从运动训练过程的理论体系入手,对其进行分析。

(一)运动训练过程监控的内涵

1.运动训练过程概念的界定

为了增强运动训练过程概念的可操作性,学者们一般都从狭义和广义两个层面对运动训练过程的概念进行界定。其中,狭义的运动训练过程就是指运动员在教练员的指导下进行运动训练的一个持续的过程,或这种过程的积累。广义的运动训练过程则指运动员从事运动训练期间参加的训练活动以及训练活动以外的持续时间,这一持续时间可以是一天、一周,也可以是一个月或一年。

2.运动训练过程监控的内涵

运动训练过程监控是监控的一个下位概念,它同它的上位概念——监控一样,可以应用的范围较广,而对它概念的界定及其内涵外延研究的较少。在我国的训练学理论界,很少有学者对运动训练过程监控的概念进行系统性的研究,其中值得一提的是国家体育总局体育科学研究所研究员洪平博士,他对训练过程监控这一问题进行了较为深入的研究,并对运动训练过程监控的概念进行了阐释。在他看来,"训练监控"其实是教练员对运动员予以训练控制的一种方法,是教练员为了保证训练实施效果与预定目标的一致性,而运用监控手段测量运动员训练效果与目标的偏离情况,并对其进行及时调整,使运动训练恢复到预定轨道上来的一种方法。一方面,教练员制订训练计划,实施运动训练对运动员施加训练刺激,并在训练的过程中通过对运动员训练效果各项因素的监测,来测量运动员肌体对运动训练刺激的反应情况,以便为下一步训练提供参考和借鉴;另一方面,运动员经由教练员的训练,在完成训练计划后,通过训练监控可以测量运动员对运动训练的反应,辅助教练员通过对运动员训练的反映与训练计划中的标准评价的对比分析来得出运动员训练的质量,为控制运动员训练的质量提供依据。

洪平博士对运动训练监控的概念分析为我们探讨运动训练过程监控的内涵奠定了良好的基础,但他的分析依然存在几个问题有待商榷,如他对运动训练过程监控中的"监"进行了解释,但却忽视了"控"的内涵探讨。我们认为,运动训练过程监控是"监"和"控"的统一,也就是将以科研人员为主组织实施的运动训练结果的监测、评定与以教练员为主实施的运动训练过程调控相统一的一个过程。在这个过程中,科学的"监"是有效的"控"的前提和基础。

另外,洪平博士对运动训练监控的概念分析实际上阐述的是对训练结果的监控,而忽视了对整个训练过程的监控。从运动训练的整个过程我们可以看出,虽然每个阶段对运动员训练结果的监控是十分必要且重要的,但若从发现问题、分析问题、解决问题的角度来看,仅仅对训练结果予以监控显然是不够的,它只能帮助教练员了解训练活动对运动员肌体的刺激情况,只有加强对运动员整个训练过程的监控,运动员每次训练承担的负荷种类与负荷量、强度监控,每种负荷强度的比例等我们才能在每一个环节上都做好对运动员训练情况的把握,也才能切实发挥运动训练过程监控应有的作用。

综上所述,运动训练过程监控就是为了确保运动员训练过程的科学性,以科研人员为主对运动员的训练过程予以检测和评定,并结合训练实施的情况对训练过程实施调控的一个统一体。这一概念包含了以下几方面的要点:

首先,考虑到运动训练过程是一个不断变化的动态过程,因此运动训练过程监控也是一个动态的过程,且这一过程会伴随着运动训练活动的持续而不断予以开展。

其次,运动训练过程监控的实施主体是教练员和科研人员,客体则是运动员。其中,科研人员和教练员组织、控制着整个运动训练过程监控的活动过程,负责运动训练过程监控计划的制订、监控方法的选择与设计、监控过程的实施、监测结果的分析、调控信息的确定等。而运动员则是运动训练过程监控的直接对象,承担训练负荷、竞技能力状况、肌体机能的变化与疲劳恢复、伤病、营养等。

再次,运动训练过程监控是"监"的活动与"控"的活动的统一,这就意味着教练员要在对运动员训练过程中的各个因素进行监测、检查的基础上,对运动训练计划提出修改意见或建议。

最后,运动训练的主要目的就是最大限度地发挥运动员的潜能,提高其竞技能力和水平,运动训练过程监控的目的与任务就是通过对训练过程的不断监测、检查、评价,对运动训练计划制订提出调控信息,确保训练的质量。

(二)运动训练过程监控的类型

按照不同的分类标准,可以将运动训练过程监控分为不同的类型。

1.按监控内容与运动成绩的关系分类

按监控内容与运动成绩的关系,可将运动训练过程监控分为决定性(或内因性)因素监控和影响性(或外因性、保障性)因素监控。

决定性(或内因性)因素监控是对决定运动成绩与运动训练效果的因素的监控,而影响性(或外因性、保障性)因素监控是对影响运动成绩和运动训练过程实施的可控因素,主要指运动营养状况、机能恢复状况、身体健康状况等因素进行监控。其中,内部因素是训练和比赛的核心因素,要想提高运动成绩,只有改进训练方法和手段,提高竞技能力才能实现。外部因素是运动员训练和比赛正常进行的保障。

2.按监控实施间隔的时间长短分类

按监控实施间隔的时间长短可以将运动训练过程监控分为即时监控、日常监控和阶段监控。

即时监控是对运动员一次运动训练的身体变化所做的监控,日常监控是对运动员一次或几次运动训练后所发生的身体变化情况做的监控,而阶段监控是对运动员在一定时间阶段内(如一周、一个月或几个月等)由训练效果累积而获得的相对稳定的状态所做的监控。教练员只有及时和准确了解运动员的状态,才能有效监控训练的进程,并确保训练的效果。

3.按评价类型分类

按照评价类型的不同,可以将运动训练过程监控分为终末监控和过程监控。

终末监控也就是传统的运动训练过程,它主要侧重于监控运动员在训练过程后的结果,即评价的是运动员在特定时间段内竞技能力与身体机能的变化情况。通常情况下,终末监控的时间间隔较长,有的是一周,有的是一个月,有的则是一个训练周期。

过程监控是对整个训练过程的监控,是在一定的时间序列上,对运动员每次运动训练所采用的方法、手段,所训练的内容对运动员身体机能和运动竞技水平与竞技能力产生的影响。此外,运动员每天的饮食、伤病情况也属于过程监控的范围。

假如说终末监控反映的是一段时间运动员的训练情况和训练效果的话,过程监控则展现的是这一效果产生的原因。因此,也有学者将即时监控和日常监控归人终末监控的范围,而将阶段性监控归入过程监控的范围。当然,这都是相对的,对于由4个月组成的准备期来讲,每一个月的监控相对于每次训练课来说是终末监控,而相对于4个月来说又是过程监控。

二、运动训练过程监控的组织与实施

(一)运动员选才

1.运动员选才的概念和意义

运动员选才是根据具体运动项目的特点和要求,运用科学的方法进行测试和预测,将适合该项运动的、具有一定先天优势的运动人才挑选出来,对其进行系统的、科学的、有目的的培养,使其成为一个合格的、优秀的运动员,创造优异的运动成绩的方法。

伴随着体育事业的快速发展,现代竞技体育运动水平正在迅速冲击人类自身能力的极限。

一方面,一般的、普通的青少年是不容易成长为竞技运动的优胜者的,只有挑选那些具有一定先天和后天条件的运动员苗子,并对其进行科学、严格的训练,才能使其登上世界竞技运动的高峰。也正因如此,联邦德国乌尔默教授提出:高水平的科学训练、优化的训练环境和运动员个人的优越天赋是其成为竞技运动获胜者必备的基础。在现代体育运动训练中,挑选优秀的运动员苗子已经成为运动训练最重要的一步。

另一方面,运动选才有助于充分挖掘和利用运动员的先天运动天赋。这里的先天运动天赋就是指运动员或运动员苗子所具有的稳定的、没有经过训练便已经具备的、随着运动员生长而自然产生并发展的、表现出的运动潜能和综合能力的。在运动员选才的过程中,一般都会对备选运动员进行各方面的调查和测试,而这些调查和测试都有助于教练员发现备选对象身上的某些运动天赋,尽可能早地对其进行培养,避免贻误人才。从这一层面来说,科学的运动员选才可以及时为运动员确定未来的发展方向,并预测其最佳的年龄区间,提高运动员训练过程的科学合理性,保证训练目标的实现。

2.运动员选才的方法

(1)遗传选才法

遗传是指子代和亲代在特征性状上的相似现象,是生物体在世代间的延续。变异是指子代和亲代在特征性状上的差异现象。遗传现象和变异现象在生物界普遍存在,是生命活动的基本特征之一。组成人体运动能力的性状与其他性状一样,大都受到遗传因素的重要影响。因此,遗传选才法是运动员常见的一种选才方法。

我国学者徐本力根据人体遗传学研究成果及其自身的研究成果初步确立了一组遗传选才方法,这里主要分析其中几种常见的遗传选才法:

第一,家族选才法。家族选才法是通过调查运动员家庭中若干代直系和旁系在某项运动上的表现情况,结合这些遗传因素对运动员的现状和未来发展趋势进行测评,决定取舍的方法。

第二,遗传力选才法。遗传力选才法是以那些与专项关系密切而遗传力又较大的指标作为最后确定的专项选择指标,结合备选运动员直系或旁系亲属有关性状分析运动员在遗传家庭中的某些运动天赋来决定取舍的方法。

第三,皮纹选才法。皮纹选才法就是通过对备选运动员的皮肤纹样进行研究,分析他们的竞技能力各形状之间的关系,并联系这些关系对备选对象进行辅助性测评,以挑选出优秀运动员的一种方法。

(2)形态选才法

形态选才法就是通过对备选运动员体型外观的测量,以及对他们未来发展趋势进行预测来挑选优秀运动员的方法。常见的形态选才法主要有体型测量法和体型预测法两种。

体型测量法就是对备选运动员的体型进行测量,以分析其是否具有特定体育运动的身体条件的一种方法。一般包括以下几种：

第一，对身高、臂长、下肢长、坐高、手长、足长、跟腱长等的长度测量。

第二，对肩宽、手宽、足宽、骼宽、髋宽等的宽度测量。

第三，对肌纤维类型、肌肉中红白肌的比例等的充实度测量。

第四，对胸围、臂围、腿围、踝围等的围度测量。

体型预测法就是根据备选运动员的体型现状，预测其未来体型的发展情况，并将其作为评价运动员是否具有从事某一运动的身体条件的方法。一般包括以下两种：

第一，用父母身高、少儿当年身高、少儿肢体发育长度判断发育程度等预测备选运动员成年后的身高预测法。

第二，通过对不同年龄段的体宽指标占成人体宽的百分比预测备选运动员成年后的体宽预测法。

（3）年龄选才法

年龄选才法是通过对人体生长发育的年龄特征、少儿发育程度的鉴别以及各运动项群的适宜选才年龄对备选运动员进行鉴别，挑选出合适的运动员苗子的一种方法。这种方法的关键在于了解个体生长发育和运动素质的年龄发展规律，并掌握对少儿发育程度鉴别的方法。

（4）素质选才法

身体素质选才法是通过对备选运动员的身体素质进行测评。分析其是否具有成为某项运动员的素质基础，最后决定运动员取舍的一种选才方法。通常情况下，对备选运动员的素质进行测评，主要分析的是他们的生理素质、心理素质、运动素质等。

（5）心理选才法

心理选才法就是运用心理学的相关理论，对备选运动员的心理素质进行分析，并将其作为运动员选才评价标准，决定他们取舍的一种方法。一般情况下，对运动员的心理进行测评，主要分析的是运动员的心理能力和个性心理特征。

3.运动员心理能力测评

运动员的心理能力在其竞赛的过程中会产生十分重要的作用。一般情况下，心理能力较强的运动员在竞赛过程中可能会超常发挥，而心理能力较弱的运动员则很有可能输掉比赛。因此，对运动员的心理能力进行测评也是现代运动员选才的一个重要内容。一般情况下,运动员心理能力包括一般心理能力和专项心理能力,主要包括注意力的集中和持久性、运动记忆的准确与牢固性、运动感觉的敏锐与稳定性、运动思维的迅速与实效性等。进行运动员心理能力的测评可以用心理测试量表和测试工具来测评,具体测评方法见心理测评方法类书。

4.运动员个性心理特征测评

运动员个性心理特征主要包括性格、气质、神经类型、兴趣、能力、意志品质等方面。其特征常用个性测试量表及运动员专项个性测试量表来测评。如神经类型测定方法有:感觉测定法、视听觉测定法、问答题测定法、数字划消法、排瓶法、声响记录法、安菲莫夫矫正法等。

(二)运动训练计划的制订

1.运动训练计划的概念和特点

运动训练计划就是在训练过程开始之前,为实现训练任务和目标,对训练内容、步骤及其要求所做出的理论设计和安排。当今运动训练计划要想取得切实良好的训练成果,除了制订的训练计划必须科学合理,符合运动员的身体机能发展规律和运动潜能激发特点之外,还要具有创新性、差别性、育人性的特点。

(1)创新性

一个好的运动训练计划要想取得好的效果,必然需要予以创新。从实践情况来看,在现代竞技场上,虽然各项运动表面上看来都是运动员竞技能力和运动素质的比拼与较量,但在这些表层之下还隐藏了许多其他的因素。例如,现代科技的发展,训练过程中对其他科学理论的应用等,这些都会对训练计划的实施及运动员的训练效果产生极大影响。例如,在运动员进行科学体能训练的基础上,把经过认真研究的心理训练等措施运用到训练计划的制订中,并付诸实践,这就是创新。而这些创新都会极大地提高运动计划实施的效果,培养出优秀的"精品"运动员。

(2)差别性

我们知道,不同的个体具有不同的心理素质、体能情况、运动水平,运动员虽然经过了系统性的训练,在整体上保持着较高的运动水平,但不同的运动员也会表现出不同的特点,因此,训练计划必须要因运动员个体的差异而有所区别,不可一概而论。此外,不同的运动项目在训练过程中也会有不同的要求和特点,这也要求运动训练计划必须表现出差别性。

(3)育人性

从运动训练计划的实施情况来看,传统的训练计划大多注重对运动员生理素质、战术水平、技术能力的训练,而忽视了对运动员其他人文素养方面的训练,致使我国运动员队伍中出现一些"高技术、低素养"的问题,这一问题的产生与我国运动员队伍中的"重金牌、轻育人"有很大关系。有鉴于此,现代运动训练计划越来越强调其育人性,强调将运动员人文素养的提升融入运动训练的过程中,使运动员在提高运动技术水平的同时,人文素养也不断得到提升。

2.制订运动训练计划的依据

(1)起始状态诊断

起始状态诊断在运动训练中的作用如下:

首先,运动员训练的起始状态是运动训练状态过程的出发点。运动员当前的竞技水平如何,当前的身体素质水平如何,决定其竞技能力的各个因素的发展水平如何,运动员的发育状况以及健康状况如何,运动员的文化教育水平如何,心理状态如何等一系列问题,都对运动训练过程产生着重要影响。对这些问题的科学分析和准确判断,是有效地组织运动训练过程的基本依据。因此,只有在科学诊断的基础上,才能够提供出精确的训练指标,才有可能制订出切实可行的训练计划。

其次,通过运动训练诊断,可以发现训练过程中不同环节所存在的问题,测定现实状态与目标状态的差距大小,为运动训练过程实施有效的控制提供可靠依据。并据此调整训练指标、修订训练计划,以实现运动训练过程最佳化,最终完成实现状态目标的任务。

最后,运动训练过程中的状态诊断与检查评定两个环节,在一定条件下可以互相转化。一个大的运动训练过程中的每一个阶段的检查评定,正是一个较小的运动训练过程开始时对运动员起始状态的诊断,而每一个独立的运动训练过程开始时对运动员起始状态的诊断,也都可以看作是一个更大的运动训练过程的阶段性的检查评定。多年训练过程和其中的年度训练过程,阶段训练过程和其中的周训练过程,都处于这样一种关系之中。

运动员起始状态诊断包含以下内容:

第一,运动成绩。运动成绩,是根据特定的评定行为对运动员及其对手的竞技能力在比赛中发挥状况的综合评定,是运动员参加比赛的结果,是教练员、运动员智能、体能通过艰苦付出的价值表现形式,而且是唯一的价值表现形式。因此,对运动员运动成绩的诊断是确定运动员起始状态的一个重要依据。

从实践情况来看,不同项目的运动员在比赛中表现出来的竞技水平有着不同的衡量标准。从比赛结果的评价方法分类:田径、自行车、游泳、速度滑冰、举重以及射击、射箭等项目,可以运用标定的计量工具进行测量,通过对时间、距离、重量、环数的准确测定评价其竞技水平的高低;体操、艺术体操、技巧、跳水等项目,由裁判根据统一的标准,对所完成的动作给予评分来确定竞技水平的高低;足球、水球、冰球、曲棍球、篮球等项目,按比赛中命中特定区域的次数评定;摔跤、柔道、拳击等项目,在没有出现绝对胜利时,也按命中得分的情况评定竞技水平及胜负;乒乓球、羽毛球、排球和网球等项目,则通过比赛得分的多少反映竞技水平的高低。

第二,竞技能力。竞技能力是运动员参加训练和比赛所必须具备的素质,是运动员体能、技能、智能和训练比赛能力的综合表现。组成运动员竞技能力的因素有形态、机能、素质、技术、战术、心理及智力。

对不同项目运动员的竞技能力进行诊断时,必须考虑不同专项竞技能力的结构特点。不同项群运动员竞技能力的各决定因素的作用各有不同,因此,在诊断中首先要抓住起决定因素的主导因素,予以科学的诊断,并作为其竞技能力总体诊断的主要依据。

(2)训练目标

训练目标是为了了解和掌握训练全过程的发展进程而专门设计的理想模式。任何时候,任何情况下,目标永远是区别成功者与失败者的分水岭。如果一个人在生活中有目标,不管他目前的状况如何,他都会努力向着这个目标前进。训练目标向训练参与者描绘出运动训练过程的目标状态,全部训练过程都是为实现这一终极目标状态服务的。这一终极目标的确定使得训练过程的每一个环节、每次训练活动和比赛都围绕着目标状态的实现而全面地进行和展开,从而为训练计划和比赛计划的制订和实施提供了依据。此外,训练目标也是建立训练控制模型的基础,系列工程的原理表明,任何控制过程的第一步就是科学地确定控制目标,运动训练控制过程的第一步就是科学地确定训练目标。

一般情况下,训练目标是一个多层次的有序系统,一个完整的训练目标由运动成绩指标、竞技能力指标和阶段序列指标构成,这里简单介绍前两种。

第一,运动成绩指标。运动成绩指标包括运动员在比赛中所表现的竞技水平和比赛名次两个方面。对于可测量的体能类项群及技能类表现性项群的运动员,可以提出定量的竞技水平指标;而对于技能类对抗性项群则可以提出若干模糊的竞技水平指标。

第二,竞技能力指标。运动员竞技能力发展水平是决定运动成绩的重要基础。构成运动员竞技能力的各个因素的水平及它们的组合方式与运动员的竞技水平有着直接的因果关系。建立运动员竞技水平决定因素的特征模型,可以把运动员训练的竞技水平分解为既可以分别反映运动员各种能力特征又可以反映各特征之间紧密联系的具体指标。

3.运动训练计划的运用

根据适用时间的差异,可以将运动训练计划分为年度训练计划、阶段训练计划、周训练计划和课训练计划。因此,对运动训练计划的运用也可以从这些方面入手。

(1)年度训练计划的运用

年度训练计划的总体安排,涉及的内容较多,因此,必须从系统的观点出发,使整个安排科学合理。要提出一些定量指标,并使各方面的指标相关协调和系统连贯。

(2)课训练计划的运用

训练课计划的制订,要求更为具体和详细,不仅要讲究训练手段,提出负荷要求,而且还要考虑场地器材、组织形式及制订现场恢复的措施,考虑如何记录、评价训练课的进行和计划执行情况。

(三)运动竞赛的组织

1.运动竞赛的意义

运动竞赛是体育活动的常见形式之一,是以一定的规则为依据,以争取优胜为目的的比赛活动。运动竞赛的组织可以吸引和鼓舞人们参加体育锻炼,推动群众性运动项目的普及和发展,推动体育运动水平的提高和普及。同时,运动竞赛的组织也能让观众感受到高尚体育道德作风的熏陶和激励,丰富人们的业余文化生活。此外,运动竞赛还能使不同国家、民族、地区的体育爱好者和运动员聚集在一起,加强国内外各民族人民之间的联系,促进世界各国人民之间的相互了解和友谊。

现代运动竞赛具有更加广泛的国际性和紧张激烈的竞争性。以国际体育运动竞赛中规模最大的奥林匹克运动会为例,它一般采用统一的规则和标准,并且包括多种竞赛项目,如田径、游泳、足球、篮球、排球等。此外,这些赛事的影响力也很大,全世界有很多人都在关注这些赛事。

2.组织运动竞赛活动的工作程序

运动竞赛活动的组织管理是一个非常复杂且十分具体的工作,特别是一些规模较大的运动竞赛,它们涉及诸多部门和人员,组织工作也是纷繁复杂,若组织不当,很可能出现混乱的局面,如里约奥运会上的绿色泳池等。因此,一般规模较大的运动竞赛都会成立大会组织委员会(或筹备委员会)及相关下属部门予以系统组织开展。

组织委员会是在主办单位的领导下,由各方有关代表人员组成,负责组织和领导竞赛的全部工作。组织委员会下设若干工作机构,负责各项工作组织。

3.运动竞赛的组织机构设置及职能

(1)运动竞赛组织机构的设置

组织机构的建立是体育运动竞赛组织管理工作的关键环节。机构设置必须合理,各机构的工作任务要明确,只有这样才能保证竞赛活动顺利进行。一般竞赛的组织机构采用委员会制。竞赛组织委员会的建立,要与竞赛规模相适应。规模小的单项体育运动竞赛,应以完成各项任务为准,尽量简化组织机构。规模较大的综合性运动会,可根据需要增设接待部、财务部、大型活动部、对外联络部和学术活动部等职能部门。此外,每一个单项比赛,必须设立单项竞赛委员会,直属大会组委会领导。

(2)各部门的职能

第一,组织委员会。

组织委员会又称组委会,是整个竞赛组织工作的最高领导机构。组织委员会的主要职能包括以下几个方面:

①审议通过组织委员会人员名单。

②审议批准各组织机构的设置和主要负责人名单。

③审议批准竞赛活动的各项实施方案。

④审议批准大会经费使用的原则、范围及预、决算方案。

⑤裁决竞赛活动过程中出现的重大问题。

第二,组委会办公室。

组委会办公室又称秘书处,是组委会的综合职能部门。其主要任务是拟定文件、组织会议、文档管理、督促调控和上传下达。一般综合性运动会办公室由主任、联络、综合管理、文秘等人员组成,也可根据运动会的规模灵活设定。

第三,竞赛部。

竞赛部主要任务是负责运动竞赛方案的制订与实施,是竞赛组织管理过程中处于核心地位的办事机构。在赛前准备阶段,竞赛部的职责包括:选择各项目比赛的场馆,落实承办单位,报组委会审批通过,并按规格要求布置、检查和验收场地器材的准备情况;确定各单项竞赛的仲裁委员会(或技术代表)成员和副裁判长人选;按照竞赛规程的有关规定,做好竞赛报名、注册与统计工作;编排大会竞赛总秩序册,制定活动总日程表;编印大会(运动会)秩序册等。在竞赛实施阶段,竞赛部需要检查各项准备工作,引导协助各赛区单项竞赛委员会做好报道、接待工作,在比赛正式开始后,提前做好公布记录和成绩统计的各项准备工作等。在赛后总结阶段,竞赛部要将部门的书面工作报告及其他文件、资料整理好,在组委会办公室规定的时间内交给组委会办公室归档。

第四,宣传部。

宣传部是组委会统一领导下的职能部门,它的主要任务是做好新闻赛事的宣传教育和新闻传播。

第五,后勤部。

后勤部主要任务是加强财物管理,做好生活接待,在交通、食宿、医疗卫生、通信等方面提供良好的服务。

第六,保卫部。

保卫部主要任务是负责组织并实施竞赛活动的各项安全保卫工作。它是举办运动会不可缺少的机构之一。通常保卫部是由主办或承办单位内部的保卫组织、公安机关和有关部门共同组成。

三、运动训练的管理理论与实施

随着社会的进步,经济的发展,人们越来越重视科学管理。近年来我国竞技体育的迅速发展,其中一个很重要的原因就是加强了对运动训练的科学管理。实践证明,运动训练管理,可以充分调动广大管理人员、教练员和运动员的积极性,有利于提高运动训练的效益。几十年来我国在运动训练管理方面积累了许多宝贵的经验,形成了一套基本适合我国国情的运动训练管理体制和积极有效的管理办法,对指导运动训练发挥了积极的作用。但是,随着现代运动训练的快速发展,传统的经验法在运动训练中已经不再适合,探索科学的运动训练管理方法成为当代运动训练领域的一个重要方向。

(一)运动训练管理的概念

对于运动训练管理的概念,国内体育界许多专家和学者在研究运动训练管理的过程中,都对其进行过明确的界定,下面是一些具有代表性的观点:

运动训练管理旨在遵循运动训练的客观规律,紧密围绕运动训练的过程,不断改进运动训练的组织方法和工作方法,为提高运动训练水平服务。

运动训练管理就是指管理者遵循运动训练的客观规律,运用有效的方法和手段,对运动训练系统进行计划、组织、控制、协调,以不断提高效率,实现运动训练目标的综合活动过程。

运动训练管理是指在运动训练过程中,为了实现运动训练的预期目标,以教练员和运动员为核心所进行的文种协调活动。

所谓运动训练管理就是运动训练系统的管理者通过一定方式调控资源,实现运动训练目标的活动。

从上述的观点来看,本书认为:运动训练管理是指体育管理者遵循运动训练的客观规律,运用有效的管理手段,为不断提高训练的功效,实现运动训练工作目标,而对运动训练系统进行计划、组织、控制、协调、创新的综合活动过程。

(二)运动训练管理系统

运动训练管理的系统主要是由管理者和被管理者两个部分组成的,以教练员和运动员的训练关系为核心的系统。在该系统中,管理者、管理对象和信息是其构成的三个基本要素。

1.运动训练的管理者

运动训练的管理者主要包括各级行政管理干部以及教练员,运动员有时也会成为自身的管理者。

(1)教练员对运动队的管理

在整个运动训练系统中,教练员担负着培养运动人才的主要任务。建设一支高水平的教练员队伍对于整个运动队的长远发展来说具有非常重要的意义。

(2)运动员的自我管理

运动员对自身的管理是现代运动训练中的关键因素,有助于现代运动训练管理队伍的形成。

(3)其他管理人员

随着现代运动训练逐渐向科学化发展的加深、加强,对运动员的文化教育、科学指导、医务监督以及物质技术保障的要求逐渐提高,这就从客观上要求运动训练的内容向深度和广度扩展,要求必须依靠有关科研人员、领队、文化教员、医师及其他人员的密切配合。

2.运动训练的管理对象

一般而言,运动训练的管理对象主要包括运动训练管理系统中所包含的人员、经费、场地、设施、仪器器材以及训练体制、机制等,决策对运动项目的管理也是一个不可忽视的重要内容。

从运动训练管理最直接、最基本的作用目标来看,运动训练管理系统是运动员(队)或教练员组成的运动训练系统,运动训练及其管理的一切效果最终要通过运动员(队)或由教练员与运动员反映出来的,因此,运动员(队)或教练员是运动训练管理最主要的管理对象。

3.信息

从哲学的角度看,事物(系统)间的一切联系或相互作用都可概括为信息。因此在运动训练管理系统内外的各种相互作用或联系,都统称为信息。信息有内信息和外信息之分。

（1）内信息

管理者教练员与管理对象运动员之间的相互作用和联系是运动训练管理系统的内信息，它是该系统存在与运动变化的内因和根据，又可分为作用信息和反馈信息。作用信息是运动训练管理者根据运动训练管理目标对运动训练管理对象施加的各种物质性和精神性作用，引起管理对象的运动，进而使运动训练管理系统从初始状态向目标状态转移。

反馈信息是运动训练管理对象对作用信息的反馈，是对运动训练管理效果的反映。运动训练管理者通过获得这种反馈信息，发现运动训练管理系统的实际状态与计划目标，分析偏差的原因，并寻求消除偏差的方法、手段，对管理对象进行新的训练调控，以达到消除偏差、实现目标的目的。这种作用信息与反馈信息的相互作用和反复循环运动训练管理系统的管理实践活动。

（2）外信息

运动训练管理系统与环境的相互作用和联系就是运动训练管理系统的外信息。在运动训练管理中，外信息可以分为对系统的输入与输出两种信息。

输入信息主要是环境对运动训练管理系统的作用。它主要包括国内、国外的情报以及国家或高一层次运动训练管理者的指令，有时就是上级下达的运动训练管理目标。运动训练管理系统的输入信息对整个管理活动有着重要的前提意义，尤其是上级下达的运动训练管理目标，它是运动训练管理者行使管理职能（如制订运动训练管理计划）的依据，它就成为衡量全部管理质量与效果的标准。输入信息十分复杂，还包括社会生活对管理系统的作用，其中包括大量扰动信息及不利因素的作用。

输出信息是运动训练管理系统对环境的作用。它在一定程度上反映了整个运动训练管理的实际状况。如完成管理目标或计划目标的情况、取得的社会效益、经济效益和存在的问题等。总之，输出信息体现了整个系统的价值和社会生活中的实际功能作用，同时对上级指令的反馈，因此也是高层次运动训练管理系统中的内信息，是上级对运动训练管理系统进行有效管理的重要依据之一。

（三）运动训练管理的基本内容

从上述训练管理过程的系统构成可以看出，运动训练管理系统是从选拔一定的运动员苗子到产生优秀运动员,通过投入一定的人、财、物等,运用计划、组织、控制、协调、创新等基本职能,遵循科学的管理、原则和方法,以实现投入与产出效益最大化的过程。在这一过程中,运动训练管理所涉及的内容大体包括以下方面:

竞技运动的特点与科学管理的必要性;运动训练管理的目标、任务和措施;运动训练管理的原理、原则和方法;运动训练体制及其改革和创新;运动队伍的管理;运动员、教练员的培养;运动训练管理的效果与评价;运动项目的合理布局、立项与管理;运动项目协会的管理以及基层业余训练的组织与管理等。

近年来,运动训练实践有了飞速发展,现代训练管理理论也有了许多新的突破。运动训练管理理论体系也在不断地发展和完善,许多新的管理理论与方法在运动训练管理的实践中得到充分的应用,并逐渐构成比较完整的理论体系。

(四)运动训练管理的实施

从实践情况来看,运动训练管理大致可分为对教练员的人力资源管理、对运动员的人力资源管理、对运动训练经费的财力资源管理、对体育场馆等体育日常设施的物力资源管理四类。

1.对教练员的人力资源管理

优秀运动队的教练员是运动训练的直接组织者和管理者,他们承担着培训运动员的主要任务,对促进运动员的全面发展,提高运动员的运动技术水平,实现优秀运动队的目标起着主导作用。许多事实说明,影响一个国家运动技术水平的因素是多方面的,但教练员人数的多少和水平的高低,是其中一个重要因素。有的专家指出,一个国家能培养出多少世界冠军,首先在于他们能够拥有多少个具有世界水平的教练员,苏联、美国、德国等体育先进国家的经验都证明了这一点。因此,建设一支具有高水平、高质量的教练员队伍,已成为加强运动训练管理的一个至关重要的环节。具体来看,考虑到运动训练管理的动态性特征,对教练员的管理主要通过教练员的选拔、使用、培训考核等实现。

(1)教练员的选拔

选拔教练员是运动项目发展的关键环节,是任用教练员的必要途径。从目前国内外教练员选拔的途径来看,主要有以下几种:

第一,从专门的体育教练员学院、系毕业生中挑选。英国、法国等国基本是这样做的。在我国,目前还没有专门培养教练员的体育院校。从发展来看,从体育教练员专门学校培养、选拔教练员是竞技体育发展的必然趋势。

第二,从优秀的退役运动员中挑选。这是我国过去和现在补充教练员的主要途径。这样的教练员,熟悉本专项技术,能比较快地适应教练工作。加之本人长期从事专项训练,有较好的技术基础和丰富的实践知识,能够从实际出发,因材施教,有针对性地进行训练工作。但是他们不足的是文化水平偏低,缺乏系统的专项理论和基础理论知识,难以胜任竞技体育科技化发展的要求。

第三,从体育院、系的运动训练专业,或者体育教育专业、武术专业毕业生中挑选。这已逐步成为我国优秀运动队教练员来源的主要途径。这样的教练,文化水平高,具有较系统的基础理论和专业理论知识,但欠缺运动训练实践经验。

第四,从基层体校或中学的教练员或体育教师中挑选。这样的教练由于长期在艰苦的条件下从事训练工作,具有高度的事业心和责任感,在某些专项训练上总结出了一套独特的方法,选准了、用好了,可以发挥重要的作用。当然他们的不足是接触高水平训练较少,对高新的科学训练技术与手段不够熟悉。

另外,教练员的选拔还需满足以下几方面的要求:

第一,按照不同层次的教练员与运动员之间的限额比例选配教练员。根据国家体委有关规定,国家队教练员与运动员之间的限额比例为1:3-5(人);省、区、市优秀运动队教练员与运动员之间的限额比例为1:4-6(人);竞技体校、体育运动学校教练员与运动员之间的限额比例为1:6-10(人);重点业余体校、体育中学教练员与运动员之间的限额比例为1:8-12(人)普通业余体校教练员与运动员之间的限额比例不低于1:12(人)。

第二,按照不同层次教练员的高级、中级、初级职务之间的比例结构来选配教练员,国家队教练员高、中、初级职务之间的结构比例为6:3:1。省、区、市优秀运动队教练员的高、中、初级职务之间的结构比例为2-3:5:3-2;各类体育学校的高、中、初级职务之间的结构比例为1-2:5:4-3。此外,优秀运动队的国家级教练员人数应占教练员高级职务人数的10%-15%;各类体育学校的国家级教练人数不超过教练员高级职务人数的5%。

第三,各项目教练员班子的组合应注意"远缘杂交",让不同流派、不同风格的教练员有机地结合在一起,产生更大的活力和效能。

第四,坚持任职条件,克服以运动成绩作为选配教练员的唯一依据的倾向,实行教练员岗位合格证上岗制度。

(2)教练员的使用

第一,扬长避短,各尽其才。人各有长短,用人之道,在于用其长,避其短,各尽其才。使用教练员,始终要坚持扬长避短。为此,其一,不必求全责备,因为世上既无全才,也无完人,同时在改革开放中,求全责备容易压抑开拓型人才;其二,要做到扬长避短,首先要知其长短,作为领导要熟知教练的长处与短处,合理用人;其三,要建设一支优势互补、结构合理的教练员队伍,注意组合扬长避短的默契配合的教练员班子。

第二,充分相信教练员。优秀运动队推行"主教练负责制",主教练负责制,是加强运动训练业务管理,充分发挥教练员主导作用的一种管理制度。其实施办法是,由上级有关领导聘用运动队的主教练,明确其任期及其目标责任,赋予相应的权力,并规定必要的奖惩措施,缴纳一定的风险金。然后由主教练提名,经有关领导审核,成立以主教练为核心,由若干教练员组成的教练员小组。在主教练的主持下,由教练员小组负责运动训练的各项组织和实施工作。试行主教练负责制的优秀运动队,仍可设领队。领队的职责主要是配合主教练做好运动员的思想政治工作和有关生活管理工作,而对训练业务工作不做出任何干预。有的队为了既调动主教练积极性,又发挥领队的作用,试行"领队领导下的主教练负责制"。

第三,破除论资排辈,量才用人。年龄大,资历深的教练,是我们的宝贵财富,他们阅历长,经验丰富;然而年轻教练,一般说接受科学技术快,思想开阔,精力充沛。因此,各有所长,均应调动他们的积极性。但对于脱颖而出的年轻教练,不能因其资历浅而不予重用,相反应大胆培养,大胆使用,鼓励后来者居上,青出于蓝而胜于蓝。

第四,重视开发教练员的潜能。现实中,有的领导在教练员人才问题上眼光在外,忽视对本单位人才的开发利用。对优秀运动队教练人才的使用,不仅仅是看其带队比赛成绩,平时也应采取全面考核、严格审查、定期进修提高等措施,深挖现有教练员的潜在优势,破除教练员"终身制"。领导部要对现有教练员的年龄结构、知识结构、业务水平、工作能力等做到心中有数,并在此基础上进行科学分析,制定长远规划,做到"人尽其才,物尽其用"。

(3)教练员的培训考核

我国竞技体育要发展,根本的任务是要培养出高水平的运动员,而高水平运动员的培养首先取决于高水平的教练员。因此,进行教练员培训十分必要。进行教练员的培训可从以下两方面入手:

第一,发挥体育院校作用,培养教练员专门人才。学校教育是培养教练员的一条重要渠道。在体育院校中开设运动训练专业,系统地学习各种体育专业知识。培养专门人才,这是教练员队伍建设的一项重大战略措施。它不仅可以保证教练员队伍后继有人,还能够比较及时地把现代最新管理科学知识带到训练教学中去,从而有效地促进我国运动技术水平的不断提高。

第二,在实践中培养提高。从我国目前教练队伍状况看,多数教练急需知识补缺和更新。虽然近年来有许多教练员通过脱产进修,在政治、业务知识和管理能力上有了很大提高,但是脱产进修的人数、时间和学习内容毕竟有限。即使在进修中学到了一定的知识,也不能一劳永逸。所以,还必须重视在实践中培养和提高教练员队伍的素质。

除了做好教练的培训之外,还需要结合教练员的运动训练情况,定期对教练员的思想素质和业务水平进行考核,以帮助管理者及时了解教练员素质和水平的变化情况,从而正确地选用和有效地培训教练员,并结合考核结果,对教练员予以相应的处理。

2.对运动员的人力资源管理

在整个运动训练系统中,运动员是整个运动训练的主体。因此加强运动员的管理至关重要,它是运动训练管理系统中的一个核心环节。

(1)运动员的合理流动

相关调查表明,我国各省、市、区的运动人才流动的现状表现为流动但不平衡且阻力大。主要的阻力是目前在我国没有一个完善的政策和法规。在运动训练管理中,要想提高工作效益和成才率,就必须实现运动队伍的优化组合、合理搭配。合理的人才交流是达到这一目标的必要条件。

运动员合理流动的总原则是有利于运动员的开发、利用和培养。因此,进行运动员管理也需要采取一定的方法促进运动员合理流动,具体可从以下几方面入手：

第一，代训流动法。代训流动是一种有偿流动，即委托单位给代训单位一定代训费。第二，公开招聘和招考法。第三，借聘合同流动法。人才缺乏和人才过剩的地区双方签订借聘合同，运动员在合同期转到借聘的单位，代表该单位参赛，合同期满仍回原单位。第四，有偿转会流动法。在职业俱乐部已注册的运动员，可按照协会章程和规定，在各单位间进行有偿转会流动。第五，交流互补流动法。在各省、市、区和单位建立"运动员交流协作区"或通过其他方式进行人才的交流和互补。

（2）对退役运动员的管理

妥善安置退役优秀运动员，对加强优秀运动队建设，鼓励他们勇攀世界体育高峰，激励更多的青少年献身体育事业，为国争光，具有重要意义。

优秀运动员退役后的分配是目前最困难的问题。这个问题主要是受整个国家宏观社会、经济环境的影响。各省、自治区、直辖市为妥善安置退役运动员都制定了相应的措施与条例，取得了一定的效果。

在安置原则上，退役优秀运动员的安置，首先，应贯彻从哪里来到哪里去的原则。其次，坚持条件择优录用原则。安置中考虑退役运动员的服役长短、贡献大小、文化水平高低、思想表现、专业知识技能以及业务能力等情况，统筹兼顾、妥善安置。最后，要自觉服从分配。对组织安置的工作不满意的，允许在规定时间内提出，组织尽可能给予关照，或自己联系接收单位。超过期限仍未落实接收单位又不服从组织分配的，取消其分配资格，按自行离职处理。

在安置去向上，对退役运动员的安置去向有三：一是推荐报考高等学校深造。对具有高中毕业或同等学力文化程度、思想政治品德好、在国内外重大比赛中取得较突出成绩（均有具体规定和要求）的优秀运动员，可由本人申请，所在省、市、区体委推荐，经高等学校单独考试或考察，经省、市、区招办批准，可以纳入普通高等学校招生计划入校学习。二是根据条件规定，择优录为干部。对于在国内外重大比赛中获得突出成绩，具有高中文化程度，政治思想素质好，身体健康，有一定工作能力的优秀运动员，在落实接收单位和工作岗位后，可以办理转干手续，按干部分配工作。三是对不具备升学条件和录用条件的优秀运动员，按工人分配工作。

3.对运动训练经费的财力资源管理

(1)训练经费的管理

对训练经费的管理实际上就是要合理使用训练经费,这要求管理者需要做好以下几方面的工作:

按计划、按规定用款,经费的使用应按运动训练工作计划进行,确保重点,紧紧围绕着提高运动技术水平这个中心进行安排资金,根据年度预算,按规定的开支范围和开支标准执行,杜绝无计划、不符合规定的开支。

注意经费的使用效果。首先,经费安排不能平均使用,必须有所侧重。上级预算经费指标确定以后,在除去应发工资津贴,保障福利以外,其余公用经费不必面面俱到,应以满足运动队必要的比赛、训练活动,如器材经费、科学训练经费、比赛车船差旅费、必要的后勤保障经费(医疗保健、洗浴等)为主,而其他办公、行政经费等项目可做适当压缩。其次,在安排训练比赛经费方面,应根据每个特定时期竞技活动的具体情况而有所倾斜地确定重点或优势项目。对科学训练和比赛,需要优先保证供给。如外汇额度使用优先保证进口这些项目的国外先进器材和设备;伙食供给内部调整。重点项目和少数尖子运动员的标准略高于其他运动员,尽力保证尖子运动员的营养品及补品药物的供给,在"保健"设备不足的情况下优先保证重点项目和尖子运动员使用。

厉行节约、精打细算。厉行节约、精打细算既是体育经费使用的一项基本要求,又是一种具体的方法与技巧。各级领导和业务主管人员应开动脑筋,调查实际,精细核算,巧妙安排各项经费的合理使用。

训练经费使用的支出票证必须按财务的票证规定和缴销手续进行实质上的审查和形式上的审查。既要审查支出凭证上所反映的经费使用是否与事实相符,是否按规定和计划办事,是否符合党和国家有关的方针政策和法规制度,有无违反财经纪律现象,还要审查支出凭证的填制是否准确,手续是否完备。

不断改善体育事业费中各项费用之间的比例关系。体育事业费既有维持经费,又有发展经费;既有人员经费,又有公用经费;既有消耗性的开支,又有耐用性的开支;既有公务费、业务费,又有房屋设备修理费和设备购置费等。每一种费用开支都有其应有的作用,如果它们之间的比例安排不当,就会造成积压、浪费,影响各项事业的发展。因此,在使用体育事业费时,要根据不同单位、不同时期的不同情况,适时调整各类费用之间的比例关系,使之达到协调、均衡、和谐的状态。

(2)体育活动经费管理

体育活动经费是训练活动顺利开展的基本保证。体育活动经费管理人员要遵循群体活动经费的使用规律,把每一分钱都用在运动员的身上。

体育运动训练竞赛的经费开支主要有组织编排费、裁判劳务费、添置器材、奖品费等。缺少任何一项都有可能影响到体育竞赛的顺利进行。

组织编排费是负责编排的教练员组织制定竞赛规程、召集有关人员开会布置工作、培训裁判、编排竞赛日程、准备裁判器材、安排裁判和比赛队、准备奖品等各种竞赛事项所得的报酬。

裁判劳务费标准要根据各校的具体实际来制定,并且教练员和运动员要有所区别,在一定的情况下,可以加以适当的经济补贴。

添置器材的费用一般在年度体育器材预算中已经体现了,如出现事先无法预料的事情,需要临时添置,要动用机动费用。

体育竞赛奖品费主要是以鼓励运动员为主,经济奖励为辅;集体荣誉为先,个人荣誉在后。因此,在奖励分配上,要重集体轻个人,加重集体名次的奖励,个人名次以发给荣誉证书为主,也可以发给少量奖金。

(3)体育教研经费管理

充足的体育教研经费是保障体育学科发展的重要条件,其主要包括以下内容:

外出考察观摩学习费用。对学校体育运动训练而言,在体育课程教学改革过程中,对上级下发文件的理解每个学校都存在着差异,要想充分理解就必须要通观全局,找到适合本校的改革方案,进一步改进本校的体育课程教学,外出考察观摩学习便是一个非常好的方法。因此,每年的体育经费预算中就需要列入外出考察的费用。

出席各级体育科研研讨(报告)会议费用。体育教练员进行体育科学研究要发表论文,论文的发表就可能被邀请参加各级体育科研论文报告会,在每年的年度经费预算中这也是不可缺少的一部分。

邀请有关专家做科研成果鉴定费用。在体育科研项目中,为了鉴定科研成果,必须邀请有关专家来做评估和调研,年度经费预算中也应该列入此项。

(4)体育竞赛经费管理

以学校体育运动训练的经费管理为例,体育竞赛费用主要指的是学校体育代表队进行校外大型比赛的经费开支,可以采用专款专用的模式,也可把经费细化,这些竞赛大多会关系到整个学校的荣誉问题,因此管理要到位。

运动员训练补助:在学校中,运动员的训练不同于学生体育协会的活动,他们是为学校争得荣誉,训练需要消耗体力,要有营养补充,这笔费用在非训练学生中是不需要的。这些补助的依据是通过运动员的等级、贡献的大小、技术水平的高度等要素决定的。

教练员训练课酬:教练员训练课酬不同于其他公共课,因为竞赛需要教练员全身心投入,而且还要根据每个成员的情况随时调整训练计划。不光要抓运动员的训练,抓文化学习,还要抓思想作风,抓生活,抓招生(体育特长生),外出比赛还需要联系交通车,比赛回来要解决运动员的洗澡、吃饭、住宿问题,还要随时掌握竞争对手的情况等,这些需要耗费很大的精力。为了让教练员能集中精力搞好训练和竞赛,学校应该有倾斜政策。

运动员比赛服装:运动员的比赛服装要求每年大赛前添置一套,配置两短一长一双鞋,也可根据本校情况需要增加配置。经费按照市场价格决定,服装要求符合竞赛规则、实用、美观、耐久。

训练竞赛器材:训练竞赛需要配备专门的体育器材,要贴近实战要求,宜高不宜低,因为它的质量和档次直接影响到比赛。

校外竞赛费用:校代表队进行校外竞赛时,根据距离远近,花费也不一样,在近距离时需要交通车,远距离需要交通费,甚至需要住宿费、餐务费等。这些都需要在年度预算中列支。

外出招体育特长生经费:有时为了学校体育教育发展会外出招体育特长生,这是一笔不小的经费。它需要长期的礼尚往来、情报沟通。除了一般的工作关系外,还需要有感情交流,才能招到满意的体育尖子。一般包括差旅费、交际费、电话费等各种费用。

比赛奖励:校代表队在正式比赛中取得好成绩,理应进行奖励。奖励可以鼓舞运动员的士气,也可以利用重奖作为招生的有利条件,吸引高水平队员来校就读。

奖励要分级别,分名次。不同级别的比赛及获取不同的名次有不同的奖励。一般情况下省一级比赛取得前六名就应有奖励。奖励也是学校代表队可持续发展的措施之一。

4.对体育场馆等体育日常设施的物力资源管理

(1)对体育场馆的管理

为了保障体育教学工作的顺利进行,体育场馆的有效管理是至关重要的。体育场馆的管理有以下几个方面的要求:

体育场地周围和体育馆内的环境尽量保持优雅舒适,使运动员在训练时心情愉快,这是体育场馆有效管理的方法之一;建立制度化、常规化的管理制度,推行体育场馆管理责任制;体育场馆的安全关系到人的生命安全,所以要特别重视体育场馆的安全管理,把安全工作放到重要的议事日程,建立一个科学、完善的安全管理体系,包括安全操作、维护保证体系;由于体育场馆人流数量大,人流主要有观众、运动员或表演人员、工作人员、来宾(贵宾)。人流组织的核心是避免相互干扰,使各流线、人流畅通。因此,应设专用观众入口、通道或楼梯;工作人员、运动员、贵宾专用通道和入口,以便将观众人流与其他人流隔开,保证人流在正常和非正常情况下得到安全迅速的疏散;加强对管理人员的安全培训,强调预防为主。通过对体育场馆管理人员的培训,使管理人员认识到安全的重要性,认识并熟悉安全管理制度,提高其贯彻以预防为主的自觉性和处理安全事故的能力,做好体育场馆的卫生管理。体育场馆卫生管理工作要求针对本场馆的实际,划分卫生区域,建立责任制,做到责任落实到人,"四清楚"(工作范围、任务、职责和标准清楚)。坚持卫生工作标准化、检查制度化,做到自查与抽查相结合、普遍检查与重点检查相结合。

(2)体育场地管理

通常情况下,体育场地的管理与体育场馆的管理相似,只不过不同的场地由于其建材的特殊性,在管理上也会呈现一定的特殊性。这里主要对几种常见的体育场地管理进行分析。

塑胶场地的管理:应按塑胶场地适应范围合理使用,一般只供场地所承担的专项训练和比赛使用。另外要禁止各种机动车辆在上面行驶,以防滴油腐蚀胶面。禁止携带易爆、易燃和腐蚀性物品进入塑胶场地,严禁在场地吸烟和吐痰。跑道上的各种线和标志要保持清晰醒目,模糊后要及时喷一层塑胶液,重新描标志线。

水泥混凝土场地的管理:场地上的沙、石、泥土和污物要及时清扫,保持整洁。雨季应及时清除积水,冬季应及时清除冰雪。在不同季节及时填充或铲除填缝料,保持接缝完好,表面平顺。

草坪场地的管理:使用草坪场地的时间要根据季节和草的生长情况来安排,具体使用时间应根据当地气候等方面的条件决定。另外,作为草坪场地的维护管理人员要禁止机动车辆进入草坪。田径运动的掷标枪、铁饼、推铅球等项目,只能在比赛时使用草坪场地,训练时尽量不使用或少使用。一切使用单位和使用者都必须严格遵守草坪场地的使用规定,爱护草坪和场内的一切设施,并且注意场内卫生。

木质场地的管理:按场地使用规范予以使用,要求进场人员必须穿软底鞋,禁止穿皮鞋、高跟鞋和带钉鞋入内。此外,要做好涂地板蜡、涂地板油、涂防滑油,还有对防滑膜地板和海绵垫(包)、地毯覆盖地面的维护。

(3)设施与器材管理

体育器材要分门别类放置,使用频率不同的分开放,不同材质的分开放,形状不同的分开放。标枪、横竿、铅球、篮球、排球、足球等要上架,服装、小件器材要入柜,羽毛球拍、网球拍等要悬挂整齐。

体育器材室内应该随时保持整洁的状态,卫生工作要每天一小扫,每周一中扫,每月一大扫。卫生工作要做到每个角落。

器材管理人员在外借器材过程中,首先要当面点数检验器材,做到如数、完整、完好,最后回收器材时,也要当面检验,然后一次性地放回原来的位置,严禁随意堆放。

在购置器材设备时,要对生产厂家和选购的器材进行深入的了解和考察,严把质量关。进入器材室或器材库的器材,应根据发货单进行验收,然后登记入库,通常采取填写器材登记表的形式登记器材设备。登记表应包括器材设备的名称、数量、单价、规格、生产厂家、入库时间和备注等。

制定体育器材使用的方法和制度,对正确使用器材,规定体育器材使用的借用手续、使用方法、归还方法和非正常损坏的赔偿办法等,以此减少不必要的消耗和损坏,以延长使用寿命。

体育器材的维护管理要科学地安排保养时间和保养内容,并把责任落实到具体的工作人员。要以文字形式提出具体的器材保养要求,如果是进口器材,则应及时将外文部分翻译成中文。要制订每日、周、月、季、半年、一年的维护计划。

第三章 体育运动训练的原则

第一节 导向激励与健康保障训练原则

一、导向激励与健康保障训练原则释义

导向激励与健康保障训练原则,是指以实现预设目标为导向,激励运动员积极参与,并在为运动员身心健康提供有力保障的条件下组织运动训练活动的训练原则。这项原则将动员激励运动员积极主动刻苦地训练与高度重视并采取有效措施保障运动员健康这两个范畴辩证地组合在一起,形成组织训练活动重要的指导思想。[1]

导向激励可来自被激励者内部,也可来自其外部,即动机激励与社会激励。动机是推动人们从事某种行为的内部驱动力。人类从事任何活动,其动机都起着重要的作用。积极的动机会激发斗志,振奋精神;消极的动机则使意志松懈、不思进取。运动员的训练过程是艰苦的,需要克服许多困难,才有可能获得成功,因此,参加运动训练,需要建立正确的积极的动机;坚持运动训练,更需要不断地完善正确的积极的动机,用正确的积极的动机激励运动员,自觉地投入到艰苦的运动训练活动中去,为实现训练目标而不断努力。在培养和激发运动员运动动机的过程中,教练员要善于交流和诱导,全面了解运动员的心理变化和身体反应,加强运动训练的科学管理,建立与竞赛目标一致的组织管理体系,引导运动员树立正确的运动动机。

导向激励原则解决运动员的训练动机问题,长期艰苦的训练需要不断的动机激励,同时健康保障是运动员的重要人权。运动员是一名普通公民,理所当然应该具备最起码的健康保障。在运动训练过程中,教练员要把导向激励原则与健康保障原则相结合,注重运动员的健康保障,注重运

---

[1]沈建敏.体育教学创新与运动训练研[M].北京:新华出版社,2018.

动员的身心健康,加强医务监督,目标控制,注意信息反馈,及时调节训练内容、方法、负荷与安排。运动员则要树立正确的参训动机,兼顾国家与个人的利益,国家培养运动员,运动员应该把国家利益放在第一位,为国家的体育事业努力拼搏、多做贡献,在为国家出力的过程中获得应得的个人利益。所以,要认真贯彻导向激励与健康保障训练原则。

只有充分挖掘运动员的竞技潜力,对队员机体提出高要求,才能使竞技体育迅速发展,但同时对队员的健康带来一定的风险。所以,为了运动员的身体健康着想,必须认真贯彻健康保障训练原则。运动员的健康有了基本保障,既是尊重与保护运动员的基本健康权,又是运动员坚持多年系统训练创造最佳运动成绩的必要条件。

国内外许多教练员和运动员在其训练实践中深切地感受到健康训练的重要性。中国女子体操队总教练陆善真,在备战和参加2008年奥运会过程中提出将"保护性训练"列为一条重要的训练原则;美国NBA球员受伤后停训停赛接受治疗,只有在医生确认恢复后,才允许重新参加比赛。德国人迪马丁教授等在1993年出版的《训练学手册》一书,也提出"维护健康的原则",认为"所有训练安排均应不给运动员的健康带来危害,并尽可能地为确保运动员的健康服务"。

导向激励与健康保障是运动训练活动中应该遵循的重要原则。辩证地认识二者之间的内在联系及可能发生的矛盾,不断地激励运动员主动训练、刻苦训练,同时密切关注、切实保障运动员的身心健康,更好地发挥二者的协同效应,才能使训练工作取得成功。

二、导向激励与健康保障训练原则的科学基础

(一)长期艰苦的训练需要不断的动机激励

动机是指推动人们从事某种活动的内部动力,成功动机是运动员参加训练的重要原动力。人们都是怀着对未来成功的美好愿望参加某项活动的,渴望成功的动机给人们以鼓舞和激励,使他们能够自觉地、积极地投身其中。对于竞技运动训练这一需要参与者付出巨大努力但是最后结果又充满不确定性的事业来说,只有激发强烈的成功动机,才能够吸引千百万有潜能的青少年自觉地投身于体育运动训练与比赛之中。

我国优秀女子羽毛球选手张宁在1996年世界杯赛、2003年世锦赛和

2004年雅典奥运会上先后获得女单冠军,在29岁时完成世界三大赛冠军的大满贯胜绩,为祖国争得荣誉,也书写了辉煌的人生。怀着为中国体育事业做出更多贡献的崇高责任和对北京奥运会的美好憧憬,她克服许多困难,坚持着科学的、刻苦的训练,终于在2008年奥运会上,33岁的张宁蝉联奥运会女子单打冠军,得到业内外人士的好评和尊重。

(二)健康保障是运动员的重要人权

体育是现代社会生活的重要组成部分。人们之所以热爱体育,是因为它能够给人们带来健康和快乐,带来成就和激情。违背体育运动根本宗旨、损害运动员健康的要求和行为都应该被反对和禁止。服用违禁药品,破坏竞技公平,并对运动员肝脏、内分泌等器官和系统造成损害,所以要坚决反对;过度训练、过度疲劳会严重损伤机体功能,所以要科学预防;为了夺标,运动员严重伤病仍上阵参赛,会明显加重伤情病情,所以应予以制止。保护运动员健康是维护运动员人权的重要组成部分。

(三)健康的身体是保持系统训练并取得优异成绩的重要基础

当代竞技体坛众多的案例表明,选拔具有巨大竞技潜力的青少年运动员,系统地进行多年训练,才有可能培养出优秀的竞技选手。在多年持续的艰苦训练过程中,运动员保持健康的身体至关重要,有了健康的身体,运动员才能坚持严密计划的系统训练,承受高质量的训练负荷,进一步地提高和完善自己的竞技能力水平,在各种条件和水平的比赛中表现出自己具有的竞技能力。青少年体质健康是一个系统工程,需要社会齐抓共管,形成合力,共同促进青少年健康成长,教育、体育部门及共青团、新闻媒体要共同构建一种健康的生活理念,坚持不懈地抓好青少年的体质健康,营造全社会都关注青少年体质健康的社会氛围。

在不断追求突破多年训练过程的道路上,经常会遭遇运动伤病的发生,如何正确对待运动伤病出现是关键的问题。有些教练此时还是一味蛮干,脱离实际地片面强调"苦练",要求"轻伤不下火线",致使运动员的伤病逐渐加重,结果导致训练的系统性遭到严重的破坏,我们一定要牢牢记住许多这样惨痛的教训。正确的做法是,区别对待,迅速治疗,配合医师的治疗,结合科学的诊断,制定明确的医疗方案,及时调整训练计划,能够保持局部的训练,在确保身体伤病能够尽快治愈的前提下,适当地组织不会导致病情加重的训练内容。美国NBA在对运动员伤员的治疗与参训制度方面值得我们借鉴。

三、导向激励与健康保障训练原则的训练要点

(一)树立正确的参训动机,协调兼顾国家与个人的利益

运动员从事竞技体育是有目的的行为,参训目的的定位对于运动员参训的积极性与自觉性程度有着重要的影响。需通过多种途径和方法,加强训练的目的性教育和正确的人生观、价值观教育,使运动员认识参加竞技运动训练、获得优秀运动成绩对国家、民族、家庭及个人的重要性及其巨大的社会价值,从中得到鼓舞和激励,逐步树立积极自觉的训练态度。同时,要注意协调兼顾国家与个人的利益,使运动员把为国家、为集体争光的责任感和荣誉感与体现个人人生价值、创建高质量的家庭与个人生活紧密地结合起来,从而激发强烈的目标动机,勇于克服困难,坚持实现训练目标。

随着运动员竞技经历的演变,运动员的参赛目标也需要及时地调整,才能对运动员起到更好的激励作用。如我国男子体操选手李小鹏,出生于1981年,1997年16岁时起,到2003年22岁时止,共14次站在世界大赛的冠军领奖台上,其中包括在悉尼举行的第27届奥运会上的男子体操团体和双杠两枚金牌。2004年雅典奥运会上,李小鹏因踝伤在双杠比赛中只获得铜牌,并在赛后进行长时间恢复治疗。对于李小鹏来说,似乎已经不再有新的目标可以吸引他。但是,在中国百年梦圆的北京奥运会上为国争光的责任感强烈地鼓舞着他的同时,李小鹏还有一个愿望,就是超越另一位体操选手李宁保持的14项次世界冠军的"纪录"。经过长达3年的治疗和康复,李小鹏终于坚强地出现在北京奥运会的赛场上,获得他第15、16次的世界冠军:奥运会团体冠军队成员及双杠冠军。

(二)以人为本,加强医务保障

关注运动员身体健康是以人为本的现代管理理念在训练工作中的重要体现。同时,作为运动训练活动的主体,运动员的健康状况对于训练活动的组织以及训练成果的好坏有着重要的影响,应得到高度的重视。因此,需要建立完整的健康保障体系,包括日常的医务监督、定期的健康体检、及时的医药治疗和发生意外伤病时的应急机制。

运动员发生运动创伤后,须及时诊断。需要停训、停赛治疗的,应坚决停训停赛。不要因为追求一时一事的竞技利益而使运动员的身体健康受到不应有的损害。男子110米跨栏跑雅典奥运会冠军刘翔右脚跟腱负伤,在2008年8月的北京奥运会男子110米栏预赛中,右脚跟腱伤复发,中途退出奥运会比赛。2009年9月12日下午,上海黄金大奖赛组委会对外正式宣布了刘翔参加9月20日的上海黄金大奖赛的消息。这意味着刘翔在伤退13个月之后在家乡的跑道上复出,跑出和冠军特拉梅尔同样的13秒15的成绩屈居亚军。这是一个正确决断、成功复出的经典范例。

(三)做好目标控制、信息反馈、及时调节

顺利贯彻导向激励与健康保障原则的重要前提是对运动员运动训练过程实施目标控制、加强信息反馈、及时调节。运动员一切训练活动目的是为了达到训练目标,合理安排训练的周期、确定训练内容、选择科学的训练方法和把握训练负荷,而不是硬性完成训练计划,不应强制性地要求运动员参加主要训练任务以外的其他商业性的比赛活动。

要对运动训练过程进行科学有效的监控,准确把握运动员技术战术掌握的质量与存在的问题,准确把握运动员体能发展状况与负荷后的机体反应,准确把握运动员心理活动的状态与变化,准确了解运动员的专项认知水平与专业知识水平,并及时地反馈给教练员和运动员,对运动训练计划、训练的实施与要求做出科学合理的调节,以求做到既不断地激励运动员刻苦训练,又切实关心并保障运动员的身心健康。

第二节 竞技需要与区别对待训练原则

一、竞技需要与区别对待训练原则释义

竞技需要与区别对待训练原则,是指根据运动项目比赛的共性特点,从实战出发,针对运动员个性特征,科学安排训练过程的周期、阶段划分及训练的内容、方法、手段和负荷等要素的训练原则。

一切训练活动都应该从比赛的需要出发而设计规划和组织实施。竞技体育的发展需要秉承以人与自然、社会及其自身为主的"和谐"这一核

心发展理念,更需要以此为基础而确立以人为本、公正、责任为重心的基本发展原则,从而为进一步完善以人的全面发展为中心的竞技体育发展目的奠定更为全面的理论基础。

在运动训练过程中,在制订训练内容的时候要把竞技需要原则与区别对待原则相结合,要依实战需要决定训练内容、方法、负荷与安排,并不断地检查、验证、调整。依据运动专项竞技的特异性,运动员竞技能力结构的个人特点,针对个人特点组织训练,并随着水平提高及时调整训练计划。

运动训练实施过程是个人针对性特点所决定的。运动员各方面的条件千差万别,不仅各人的起点不同,而且随着训练过程的发展而不断地发展和变化。如有的运动员训练初期进展不快,但到了某一阶段进展就可能突飞猛进,有的开始进展很快,但后来反而慢了下来;有的某些运动素质好,而有的另一些运动素质不好;有的适应大负荷量训练的能力强,而有的适应大负荷强度训练的能力弱;有的在这一方面存在问题,有的则在另一方面存在问题,如此等等。这些都要求在训练中区别对待,才能收到好的训练效果。在一些球类集体运动项目中,如篮、足、排球,还由于位置分工的需要不同,在运动素质、技、战术的掌握和运用,以及对心理品质的某些要求上也有不同的特点和重点,在训练过程中也必须区别对待。

运动项目普适性的竞技需要与特定时间、空间条件下运动员的个体特征是既有矛盾又紧密联系的两个方面,科学地认识它们之间的辩证关系,并充分发挥二者之间的协同效应,是我们应该遵循的重要训练原则。

二、竞技需要与区别对待训练原则的科学基础

(一)竞技比赛对于训练活动的导向性

目标是人们行为的终点,对于人们的行为起着重要的导向作用。人们的一切行为都应该服务于既定目标的实现,训练活动也是一样。运动训练的最终目标是成功地参加比赛,实现预期的比赛结果。因此,一切训练内容、方法和手段的选择及训练负荷与节奏的安排都应该围绕着成功参赛的需要而组织实施。

人们根据所设定的运动训练目标去选择运动训练的内容,训练的内容都是服务于特定的任务和目标。选择安排不同的训练内容,就会发展不同

的运动能力,只有按照专项竞技的需要去选择训练的内容,才有可能使得运动员的专项竞技能力得到迅速地提高,才能为成功参赛做好准备。[①]

(二)运动专项竞技的特异性

不同的运动项目有着不同的竞技特点,要求运动员具有不同的竞技能力结构。构成运动员竞技能力的体能、技能、战术能力、心理能力和知识能力,在不同项目竞技能力结构中的重要程度又有所不同,这就要求我们全面、准确地认识和了解自己所从事的运动项目竞技能力结构的特点,进而选择与专项竞技需要相符合的训练内容、手段及制订相对应的运动负荷方案,有效地组织运动训练活动。

现代运动竞赛中的竞争性和对抗性日益激烈,促使人们把提高专项比赛能力的任务和为提高这一能力的专项训练放在首要的位置,运动训练的内容、方法、手段及负荷都表现出鲜明的专项化趋向。儿童、少年的早期基础阶段的训练也应以未来高水平专项竞技的需要为导向,将早期基础阶段的训练与优秀运动员的专项训练有机地衔接起来,为专项高水平竞技阶段的训练和参赛打下良好的基础。

运动专项竞技的需要对于训练活动具有鲜明的导向性。针对专项竞技的需要组织训练,会明显地提高训练工作的效果,使教练员和运动员付出的辛勤劳动和成果在专项比赛中得到充分的展现,如果对专项竞技的需要考虑得不够准确或者不够充分,将会给训练工作带来很大的盲目性,往往会事倍功半,花费巨大的精力却难以取得理想的训练效果。

(三)运动员竞技能力结构的个体性与变异性

运动训练实践具有鲜明的多样化的特点,而且,又处于不断的变化之中。不同项目、不同运动员,以及在不同状态下所表现出的特点,包括决定竞技能力的各个因素,教练员的业务水平,对训练的战略部署和战术安排,训练所处的阶段和具体要求,以及气候、场地、器材等外界环境,等等,都各有不同,又无时不处于不断的运动和变化之中。同一名运动员的训练状态在不同阶段、不同时刻的表现,不同训练环境和训练条件,也都对训练的内容和组织实施提出明显的不同要求。这些因素的不断运动及变化,都要求教练员及时根据训练对象的具体情况有区别地组织训练。

[①]肖涛,孔祥宁,王晨宇. 运动训练学[M]. 重庆:重庆大学出版社,2016.

三、贯彻竞技需要与区别对待训练原则的训练学要点

（一）认真研究项目特点与专项竞技的需要

不同竞技项目有着不同的竞技特点和不同的训练要求。贯彻竞技需要原则首先要明确专项竞技需要的是什么，即要明白怎样能够在这个专项比赛中获胜。

运动员的比赛结果，取决于自己具备的竞技能力及其在比赛中的表现、对手具备的竞技能力及其在比赛中的表现、比赛结果的评定行为等三个要素。运动员要想在比赛中获胜，就应该提高自己的竞技能力并在比赛中充分发挥和表现出来，要在规则允许的范围内抑制对手竞技能力的发挥和表现，还要在规则允许的范围内力求得到有利于自己的评定和裁决。因此，作为生产运动成绩的运动训练过程，其核心任务便是发展和提高运动员的竞技能力。因此，竞技能力在运动训练理论中具有举足轻重的地位。

每个运动项目都有不同特点，决定其竞技能力构成因素的差异性。例如，举重选手必须有巨大的力量，射击选手应保持稳定的情绪，乒乓球选手需要快速的反应与机动灵活的战术意识和战术能力，篮球选手则需要与同伴默契配合的合作精神。因此，只有对所从事的运动项目的竞技特点做出正确的分析，才能够确定相应的训练要求，选择适宜的训练内容、训练方法和训练负荷。

训练负荷的强度和数量的安排都要考虑专项比赛的特点和需要。马拉松跑、铁人三项运动员的训练课上必须保证有足够的负荷量、有足够的负荷时间，大负荷的专项训练课时应不短于比赛持续时间的两倍；而跳远、投掷等比赛中一次试跳、试掷用时很短的项目，运动员的专项训练课时就不必一定要求很长的时间，在训练中应更加关注练习的强度。体操、跳水、花样滑冰等项目，在专项训练中则要特别注意不断发展和提高动作技术的难度和质量。

（二）科学诊断运动员个人特点，针对性地组织训练

运动训练中的区别对待，应该体现在整个训练活动的全过程中。面对运动员不同的个人特点、不同训练阶段的特点，都需要认真贯彻区别对待的训练原则。科学整合力量和灵活高效的组织指挥是代表团圆满完成任

务的重要保证。

运动员的思想、健康状况、个性特征、训练水平、学习、工作、日常生活等情况均不相同,教练员应对这些情况深入了解并具体分析,因人制宜地在训练中采取区别对待的措施。这就要求教练员要从训练一开始就注意积累建立运动员各方面情况的资料档案,做到对所教的每一个人都很了解。从运动员选材到培养,教练员要了解和分析研究他们生长发育过程中的特殊情况。如有的早熟,出成绩早而快,但不见得将来就一定能达到高水平;有的晚熟,出成绩晚而慢,但不见得将来达不到高水平。女运动员月经期间对训练的反应也不尽相同。对这些,教练员都应了如指掌,才能区别对待。

在贯彻区别对待的训练中,要注意与运动员的个性发展相结合。高水平竞技体育的运动训练在某种意义上说,就是一项发现天才、张扬个性、打造极品的事业。优秀的竞技选手大都具备超凡的先天条件,只有充分地发扬其个性特征,才有可能培养出国际级的顶尖高手。高水平优秀选手个性化训练的趋势明显加强,同一项目同一水平的优秀运动选手的训练负荷也会有明显的区别。

同一名运动员在其生长发育与训练的不同阶段,也有着不同的即时状态,有着不同的发展目标和不同的训练要求,应该密切关注运动员竞技能力状态的变化,及时调整修订训练计划。

第三节 系统持续与周期安排训练原则

一、系统持续与周期安排训练原则的释义

系统持续与周期安排训练原则,是指运动员应该系统持续地从事运动训练,并应分阶段做出周期性安排的训练原则。

为了在运动训练活动中实现人体的适应性改造,运动员需要多次承受运动负荷,渐进地提高自己的竞技水平。持续的运动训练可使训练效果不断累加,而训练活动的间断则会降低训练效果。培养一名国际水平的竞技选手,通常需要经过6年~10年的系统训练,世界优秀选手都是在多年系

统的训练过程中培养出来的。同样,在一个年度、一个阶段的训练中,也要求保持良好的连续性。[1]

同时,物质运动普遍存在的周期性特征也清晰地存在于运动训练过程中。人体运动能力的周期性提高,竞技状态的周期性变化,重大赛事的周期性举办,都提示我们,周期性地安排运动训练过程,处理负荷与恢复、分解与综合、训练与竞赛的有机联系,是设计、组织运动训练过程的重要原则。

系统的持续的运动训练过程需要分解成若干个组织周期,不同时间跨度的多个周期组合成系统的持续的运动训练过程。发挥系统训练与周期安排的协同效应,对运动训练活动的成功有着重要的作用。

二、系统持续与周期安排训练原则的科学基础

(一)人体运动生物适应的长期性

系统的持续训练是取得理想训练效应的必要条件,人体对训练负荷的生物适应必须通过有机体自身的各个系统、各个器官、各条肌肉乃至各个细胞的变化,一点一点地去实现。运动员的竞技能力是多种能力的综合表现,它不仅涉及生理、心理等各个方面的因素,同时又受先天、后天因素的影响。因此,人体机能的适应性改造(包括中枢神经系统功能的改造)不是在短期内所能奏效的。训练对提高运动员竞技能力的影响,必须通过人体内部的适应性改造才能实现。集体球队几名选手之间配合完成某些特定的战术行动,必须经过长时间的多次练习,使运动员彼此之间建立起相互协调和默契的关系,完成高度协调的战术配合。因此,从人体生物适应的角度来看,运动员应持续地承受负荷,进行系统的训练。

(二)运动训练效应的不稳定性

运动员在负荷作用下所提高的竞技能力,无论是体能、技能、战术能力、知识能力,还是心理能力的变化,都具有不稳定的特点。当训练的系统性和持续性遭到破坏而出现间断或停顿的时候,已获得的训练效应也会消退以致完全丧失。例如,体能的变化主要表现为力量、速度及耐力

---

①朱云,张巍,胡琳.休闲体育文化之运动训练教程[M].北京:中国书籍出版社,2018.

等素质的改变,训练一旦停止,运动素质消退得很快,特别是通过强化的力量训练手段所取得的训练效应消退得更快。又如运动员在训练中技能得到提高,表明在运动员神经系统的有关中枢之间建立良好的暂时性联系,这种神经联系可支配运动器官、骨骼和肌肉完成相应的动作。只有经常反复强化这种暂时联系,才能够保持动作中各个环节的协调配合。如果中断训练,中枢神经系统对肢体精细运动的支配能力便会受到影响,反应迟钝,最终使动力定型遭到破坏。为了避免技能、体能的消退,克服训练效应的不稳定性,必须在训练效应产生并保持一定时间的基础上重复给予负荷,使得训练负荷的积极效应得到强化和累积,使得运动能力得到不断改进和完善。因此,要想获得理想的训练效应,有效地发展运动员的体能、技能、战术能力、知识能力及心理能力,就必须注意保持训练过程的持续性,系统地、不间断地参加训练。

(三)人体生物适应过程的周期性

在训练负荷下,人体的适应过程是长期的,同时也是分各个阶段实现的。机体对一次适宜训练负荷的反应,可划分为工作阶段、适应阶段、恢复阶段和训练效应消失阶段等。在更长一些时间的跨度内,例如,在几个月至几年训练过程中,运动员机体的变化同样经历着竞技状态的提高、保持和下降三个不同的阶段。

为了在重要比赛中创造优异的成绩,运动员总是力求通过科学的训练与安排,使自己在心理和生理上做好充分的准备,在比赛中最大限度地动员机体的潜力,把自己在训练中获得的竞技能力最充分地发挥出来,创造优异的成绩。运动员参赛的准备状态,称为竞技状态。竞技能力的提高,明显地表现出周期性的特点。在一次负荷下,机体能量消耗产生疲劳,通过机体的超量补偿机制,使得运动员的能力得到提高,在这一基础上又给予下一次负荷,即开始一个新的负荷周期。运动员竞技状态的发展、保持和消失三个阶段是一个完整的训练过程,称为一个训练的大周期。训练的大周期是以参加重要比赛获得满意成绩为目标,以运动员竞技状态发展过程的阶段性特征为依据而确定和划分的。

三、贯彻系统持续与周期安排训练原则的训练学要点

（一）健全多级训练体制，为运动员实现多年系统训练提供有力保证

运动员多年的系统训练活动必须以健全的训练体制作为保证。尽管不同国家的训练体制各有自己的特点，但都着眼于保证运动员多年系统训练的实施。我国目前现行的是三级训练体制，包括中、小学课外训练，业余体校和竞技运动学校的训练以及优秀运动队的训练等三个层次，各自担负着多年训练过程中不同阶段的训练任务。

为了保证不同层次的训练组织完成各自的任务，使运动员得以保持多年训练的系统性，在最佳竞技年龄区间表现出最高的竞技水平，各个层次的训练必须紧密衔接，防止各级训练各行其是。相应的对策是：①制定各项目运动员在不同年龄阶段的训练大纲；②建立与多年训练各阶段基本任务相适应的竞赛制度；③建立相应的奖励制度。

鼓励中小学、业余体校及运动学校的教练员认真完成基础训练和初级专项训练的任务。

美国等许多国家的俱乐部制、德国的体育寄宿学校、古巴的青年体校，都对保持少年时期和成年时期训练的良好衔接起着重要的作用。

（二）分段组织系统持续训练过程的实施

运动训练过程的组织实施，必须遵循其阶段性的特点，有步骤、有秩序地进行。而这一步骤则是按固有的程序排列的。如全程性多年训练依次分为基础训练阶段、专项提高阶段、最佳竞技阶段及竞技保持阶段。一个持续2个月～6个月的训练大周期，依次分为准备时期、比赛时期及恢复时期；一次训练课也依次分为准备部分、基本部分和结束部分等。

训练过程的程序性表现在训练的各个方面。如发展周期性耐力项目运动员的专项能力，应以一般耐力和最大速度为基础；体操运动员学习旋空翻，则必须首先掌握后空翻两周及后空翻转体360°的技术。一支足球队要想熟练运用发高角球战术，就必须有队员能从角旗旁向球门前踢出适宜高度、远度、弧度的球，又要有一名或数名队员能在适宜的瞬间冲到门前适宜的位置，跃起争顶，头球破门。这些环节若缺少任何一个，都不可能组织起成功的发高角球战术。练习内容的程序性在许多情况下都是不可

逆的,必须按照固有的程序进行,这样才能取得理想的训练效果。忽视训练活动的程序性,会造成许多不良后果。

要注意两个周期之间的衔接工作,协调各个周期之间的关系。在结束每一周期和实施下一项训练工作之前,进行科学测评,针对前一周期在身体、技术、战术、心理等方面所产生的变化及存在的问题,认真总结经验和教训,作为制订和实施下一周期训练计划的依据,以便使各周期的训练工作有机地衔接起来。

(三)处理训练安排的固定因素与变异因素的组合

周期安排原则的依据是,人体竞技能力变化的周期性特征和适宜比赛条件出现的周期性特征,其中,后者是决定训练周期时间的固定因素,而前者则是变异因素,因为重要比赛日程的安排通常与某个项目最适宜的比赛条件的出现是一致的,而且一般在上一年度即已确定。在竞技体育界,人们普遍认为奥运会冠军的荣誉远比世界纪录保持者要高,因为创造世界纪录不受时间、地点的限制,大多数项目的优秀运动员在任何时间都有可能创造新的世界纪录,而四年一度的奥运会,则要求运动员必须在特定的日期和地点表现出最佳的竞技水平,在与世界各国优秀选手的同场竞技中取胜,显然这一要求的难度大大高于前者。这就要求教练员不仅能使运动员具有所需要的竞技能力,而且能使之在预定的时间里把这种能力最充分地发挥和表现出来。因此,优秀教练员的高超教练艺术更突出地表现在这一点上。

尽管人体本身受着生物节律的影响,但它并非绝对不变,人们完全可以通过训练安排使其在特定的时间里表现出最佳的竞技状态。竞技状态的发展过程是可以由人来控制的,教练员应努力做到有把握地调节这一变异因素,使之与特定的比赛日程安排相吻合。

第四节 适宜负荷与适时恢复训练原则

一、适宜负荷与适时恢复训练原则的释义

适宜负荷与适时恢复训练原则,是指根据运动员的现实可能和人体机

能的训练适应规律,以及提高运动员竞技能力的需要,在训练中给予相应量度的负荷,负荷后及时消除运动员在训练中所产生的疲劳,通过机体适应过程,提高运动员竞技能力和取得理想训练效果的训练原则。

在运动训练过程中,训练负荷的安排要以人体机能能力的适应性机制,以训练负荷对运动员机体的良性与劣性影响为科学基础。注意组织训练负荷与负荷后的恢复,积极而谨慎地探求负荷量度的临界值,探讨疲劳的准确诊断与有效消除。①

由适宜的运动训练负荷引起的运动员机体发生相应程度的疲劳,适时消除机体在训练负荷影响下产生的疲劳,并促进机体的良性补偿使得运动员的竞技能力得到提高。在训练过程中,存在着负荷与调整、消耗与补充、疲劳与恢复等方面的矛盾。正确辩证认识适宜负荷与适时恢复的关系,将两者发挥协同效应,这是我们训练中必须遵循的重要原则。

二、适宜负荷与适时恢复训练原则的科学基础

(一)人体机能对外加适宜负荷的适应性机制

有效的训练必须有足量的负荷,训练负荷水平适宜,才既能保证队员的身心健康,又能达到或略超出人体最大负荷承受量,从而对机体产生良性的强刺激,促使机体生理机能、运动机能明显改善,并不断产生运动能力累加的痕迹效应。自19世纪末期现代奥林匹克运动兴起以来,运动员的负荷量已大大地增加。20世纪20年代,著名的芬兰中长跑运动员努尔米,一年只训练6个月,每周训练3次~4次,到20世纪30年代~40年代,瑞典的海格将一年训练的时间增加到9个月,他的成绩远远超过努尔米。一个世纪以来,耐力性项目世界优秀运动员年训练负荷量的适度增加,对竞技水平的提高起着重要的作用。

以第26届奥运会5000米跑冠军王军霞为代表的中国女子长跑选手,承受前所未有的惊人的训练负荷,年跑量超过8000千米。王军霞和她的同伴在1992年~1996年,创造多项世界纪录,夺得多项世界冠军。

(二)机体在过度负荷影响下的劣变性

运动员机体承受训练负荷时,会产生应激性的反应。当负荷过大,超过运动员机体所能承受的阈值时,运动员机体则会出现劣变反应。

①周梅芳.大学体育运动与康复训练研究[M].西安:西安交通大学出版社,2017.

有机体承担运动负荷会产生一个适应过程,当有机体适应这一负荷后,机体的机能会出现"节省"现象。如果负荷仍停留在原有的水平上,不再提高,机体就不再产生新的适应,机体的机能也就不能进一步提高。只有施加更加强烈的刺激,使机体产生新的适应才能提高机能水平,出现新的训练效果。但是如果训练中的运动负荷不是逐步提高,并达到最大限度,而是提高过快、过猛并超过运动员机体所能承担的最大限度,也不能产生新的适应。这不但提高不了运动成绩,而且有损于健康。

过度负荷有时表现在生理方面,有时也表现在心理方面。过度负荷的直接结果,首先是机体出现不适应的症候。据张问礼《生物应激与运动训练》一文(载《北京体育科技》,1984年第二期)报道,这种不适应的症候包括:慢性体重下降,非受伤引起的关节及肌肉疼痛,慢性肠功能紊乱,扁桃体及腹股沟淋巴结肿大,鼻塞和发冷,出现皮疹和肤色改变,周身性肌肉紧张,疲惫不堪、失眠不安等。

上述不适应症候出现后,如果仍不采取措施,使运动员机体得到必要的恢复,那么就会进一步发展成为过度疲劳。过度疲劳会对运动员机体带来很大的破坏,会导致运动员健康状况和体能的明显下降,使运动创伤增加,甚至造成灾难性的后果,有些运动员甚至因此过早地结束了自己的运动寿命。

运动员高负荷训练后、重大比赛后或者遇到某些特殊的经历后,会出现不同程度的心理疲劳。心理疲劳对运动员训练和比赛的状态有着不可忽视的影响,有时会明显超过生理疲劳,给运动员保持系统持续的训练和比赛带来巨大的阻碍,必须高度重视。

三、适宜负荷与适时恢复训练原则的训练学要点

(一)准确把握运动训练负荷的适宜量度

运动训练过程中的任何一个负荷,都包含着负荷的量与强度两个方面。前者反映负荷对机体刺激的量的大小,后者反映负荷对机体刺激的深度。负荷的量和强度分别通过不同的侧面表现出来,人们也可以运用不同的指标去反映负荷量和强度的大小。负荷的量和强度构成负荷的整体,它们彼此依存而又相互影响,任何负荷的量都是以一定的强度为条件而存在的,任何负荷的强度又都以一定的量为其存在的必要基础。一个方面的变

化必然会导致另一方面的相应变化。我们在比较负荷的大小时,一定要将这两个方面综合考虑。

负荷的适宜度主要通过施加负荷产生的后果来予以评价,包括机体疲劳的程度及恢复与超量恢复所需的时间、战术训练的效果、是否引发运动性伤病,以及是否引发心理疾病和心理障碍等方面。

通过生理生化指标的监测可以比较客观地诊断运动员机体的生理疲劳程度。如血色素、尿蛋白、血睾酮等都是常用的监测指标;建立义务监督制度,定期与不定期地健康检查,可以及时地发现运动性伤病;总结在不同阶段、不同情境下学习、掌握、熟练以及运用技战术时对训练负荷的要求,借以把握技战术训练时的运动训练负荷。如体操运动员精力充沛时,学练新技术易取得好的效果,因此负荷次数不宜过多;篮球运动员为提高在比赛快要结束时的罚球命中率,需要安排在较大负荷训练后,机体疲劳时作罚球练习。

(二)科学地探求负荷量度的临界值

多年以来,人们已经清楚地认识到,负荷量度的增加会带来更好的训练效果,而且越接近运动员承受能力的极限,效果就越明显,于是许多教练员和科学家都在致力于寻找这一负荷量度的极限。如中国长跑教练员马俊仁,为他训练的女选手设计"每天一个马拉松"的负荷计划,造就中国田径史上辉煌的一页。

运动员负荷量度临界值的大小既随其发育程度、竞技水平等状态的变化而变化,又受运动员健康状况、日常休息、心理状态因素的影响,因此对它的测定和评价必须要有充分的科学依据,要用科学的诊断方法力求准确地掌握负荷量度的临界值。在当前,人们对负荷极限的认识还不具备完全把握的时候,通常应注意留有余地,以避免过度训练的出现。

(三)积极采取加速机体恢复的适宜措施

1.训练学恢复手段

主要包括变换训练内容和训练环境,交替安排负荷,调整训练间歇的时间与方式,在训练课中穿插和采用一些轻松愉快、富于节奏性的练习等训练手段,也包括在恢复过程中以轻微的肌肉活动,帮助肌肉和血液中的乳酸更快消除,还可以根据人体的"生物钟"节律,安排每天的训练时间,成为一种习惯性的定型,节省神经能量,也有利于机体的恢复。

2.医学、生物学恢复手段

主要包括理疗恢复手段,如水浴、蒸气浴、旋涡浴、氮水浴、苏打碳酸浴、盐浴、珍珠浴、含氧浴、腐植酸浴等,其他手段还有按摩、电兴奋、电睡眠、紫外线照射、红外线照射等。

3.营养学恢复手段

由于运动时运动员的能量消耗大,运动后的能量补充除了考虑补充物的数量,还应注意各种营养素的适宜搭配。例如,运动后吃不同的糖,对身体不同部位糖贮存的恢复就有不同的影响。维生素及多种微量元素更是运动员营养中不可缺少的重要组成部分,它与运动能力的恢复有着密切的关系。维生素及多种微量元素在体内不能合成或合成不足,必须从食物中摄取,所以要注意食品的种类和配比。

4.心理学恢复手段

一般可利用自我暗示、放松训练、转换训练、气功调节、生物反馈等手段促进恢复,针对每个运动员特殊的心理问题,要对症下药,专门进行心理调节或心理辅导。

第四章 体育运动训练的模式研究

第一节 体育运动训练异同互补研究

一、体育教学原则

（一）体育教学原则概述

体育教学原则是人们在长期体育教学过程中,经过不断反思、总结体育教学中的成功与失败,由此探索出来的规律,是体育教学客观规律的反映。因此,它应贯穿到体育教学的全过程,指导体育教学过程的各个方面。如体育计划的制定,教学内容、方法的选择与安排,教学组织形式的运用,体育课的安排,教学质量的评估等。随着人们对体育教学原则的进一步认识和不断深入的研究,体育教学原则不是一成不变的,它应与社会的进步、发展而有所改变,不断得到发展与完善。本文着重对快乐体育原则与合理安排运动生理负荷和心理负荷原则的理论进行分析与论述,为体育教学提供科学的理论依据。

（二）快乐体育教学原则

快乐,指的是人在深层的心理快感或成功感。快乐体育教学原则是经过多年的理论研究与实践探索,形成从学生兴趣入手,丰富学生体育情感,提高学生身体素质,健全学生运动人格,形成学生的体育爱好,养成学生稳定的体育行为,习惯快乐体育教育思想。它以学生的浓厚兴趣为基础,依托持久的意志力来掌握一两种终身享用的运动技能,从中保持良好的情绪,获得快乐的成功体验。[1]

---

[1]张波,牟其林,李睿等. 体育训练与运动人体科学研究[M]. 长春:吉林大学出版社,2017.

1.以人为本,因材施教

快乐体育教学原则的根本指导思想是通过培养学生良好的心理素质,力求使其将外部的要求变为内驱力,从而以"乐学"作为支撑点,实现自身健康而富有个性的发展。要求以全面育人为出发点和归宿,让学生真正成为课堂的主人,做到教师的主导和学生的主体相结合。同时注重以情感教学入手,乐学、好学。教师要最大限度地适应学生的需要,因材施教,积极地鼓励、引导学生,锻炼身体,磨炼意志,陶冶情操,使他们的身心得到全面和谐的发展。

2.灵活多变,快乐教学

快乐体育教学原则,要求教师在日常的体育教学中注意灵活多变,采用多种方法,帮助学生体验运动的乐趣。比如:趣味融合法,将体育教学内容与学生喜闻乐见的游戏有机地结合在一起;民族传统体育法,将民族传统体育融于体育教学中;分层次教学法,根据不同层次的学生,分小组进行教学;创新式教学法,比如,武术教学、健美操教学等,教给学生基本的动作,让学生自编自创一套自己喜爱的组合拳或舞蹈;此外还有分组合作法、挑战竞赛法、游戏法、主题教学法等等。

3.辩证统一,有机结合

运动乐趣和运动技能在体育教学中是辩证统一的关系,要注意加强两者的有机结合。因此,在体育教学中,既要让学生掌握好运动技能,又要让学生享受到体育教学和体育锻炼的乐趣。在实际的体育教学中,肯定有一些趣味性不强、学生又比较难掌握的运动技术,此时,应注意挖掘或加上一些有乐趣的内容,增添教学的兴趣。但是,也不要因为一味追求趣味性而降低了运动技能的教学要求,影响了教学质量。只有学会了运动技能,才能更好地体会到运动的乐趣。反过来,熟练的运动技能又能进一步激发学生学习的热情。两者有机结合,就能相辅相成。因此,对掌握运动技能与体验运动乐趣不能顾此失彼或厚此薄彼,要正确地处理好两者之间的关系。

(三)合理安排生理负荷和心理负荷原则

负荷包括生理负荷和心理负荷两个方面,合理安排生理负荷和心理负荷就是在体育教学中要使学生承受适当的生理负荷和心理负荷,以促进学生身心全面协调发展。贯彻和运用合理安排负荷原则的基本要求:

1.根据教学目标、学生特点、教材性质等合理安排课的生理负荷

新授课和复习课在安排生理负荷时应有不同的要求。学生的性别、年龄、健康状况有差别,而且教学比赛主要是比专项,不能适应专项比赛的训练,在比赛中是难以夺得桂冠的。在安排生理负荷时,要注意区别对待。不同性质的教材,应考虑它们对身体机能的不同作用和影响,做出科学安排。此外,学生的生活制度、营养条件和其他体力活动的负担,所在地区的气候因素及作业场所的环境条件等,在安排生理负荷时也应给予全面考虑。

2.正确处理生理负荷的量和强度的关系

正确处理生理负荷的量和强度的关系,负荷量和负荷强度应互相配合,逐步增加。在体育教学中通常是先增加负荷量,待适应以后,再增加强度。在增加量时,强度宜适当下降。在强度再增加时,量则应适当减少,这样,量和强度交替的增加和下降,密切配合,才能使学生承担负荷的能力逐步得到提高。

3.正确处理生理负荷的表面数据和内部数据的关系

表面数据是指运动动作练习的量和强度。内部数据是指负荷量和强度所引起的一系列的生理、生化变化。生理负荷的表面数据与内部数据在通常的情况下是一致的。但因学生的体质强弱和身体训练水平不同,一定负荷的表面数据作用于不同的学生,可以产生不同的内部数据。因此,在分析生理负荷时,应把表面数据和内部数据结合起来,加以判断和评价。

4.做好生理和心理负荷的测量、统计和分析工作

在评价体育课的质量时,既要安排生理负荷的测量,又要安排心理负荷的测量,以便从生理和心理两个方面进行全面客观的评价。同时,对负荷量的控制要有科学依据,把训练中的每一次练习、每一组负荷都设计为尽可能适宜,并且使运动员训练效果达到最佳的限度。

二、体育运动训练原则

运动训练原则,虽有许多不同的解释和文字表述的方法,但其中一个共同的认识,就是运动训练过程客观规律的反映,是组织与进行训练工作必须遵循的准则,对一切训练过程具有普遍的指导意义。通俗地讲,教学中有训练因素,训练中有教学因素。教学和训练是在同一个过程中实现

的,两者有着密不可分的关系。一般训练指提高的过程,而教学是指从不会到会的过程,科学的运动训练过程不能离开和违背教学原则。下文就一般训练与专项训练相结合的原则和区别对待原则进行分析与论述。

(一)一般训练与专项训练相结合的原则

为提高运动员的专项能力,为获得专项运动的优异成绩,我们必须遵循一般训练与专项训练相结合的原则。

一般训练是指在运动训练中以多种多样的身体练习、方法和手段,提高运动员各器官系统的机能,全面发展运动员素质,改进身体形态,掌握一些非专项的运动技术和理论知识。从而打好身体基础,提高专项技术、战术及理论水平。在专项训练中,根据专项训练的特点,必须有先进的手段和明确的目的。比如对艺术体操、球类、田径等技术较复杂的项目,应较多地选择发展灵巧、协调和柔韧性的练习手段。

一般训练和专项训练两者的主要区别在于,采用的训练内容、手段,主要完成的任务和所起的作用不同。两者的主要联系在于,一般训练为专项训练打下坚实的基础,专项训练创造优异的成绩。它们在训练过程中总的目标是一致的,但又相互促进、相互制约,不可分割,有时在训练实践中往往很难分开。

在运动训练过程中,运动负荷给有机体带来的刺激,使各器官系统产生的适应性变化也是相互联系,相互作用的。进行一般训练采用多种练习内容和手段,可补充专项训练的不足,促进身体各器官系统的全面提高,从而为运动员创造优异的运动成绩打下良好的基础,保证专项训练的顺利进行。

运动员掌握动作技能的实质是条件反射的形成,是在大脑皮质建立的一种暂时性神经联系,这种暂时性神经联系建立得越多、越牢固,越利于建立新的暂时性神经联系,也就是运动员掌握的动作技能越多,越牢固,学习掌握新的动作技能也就越快,越容易,尤其是在动作结构、性质相近似的一些练习中,更容易产生动作技能的积极转移作用。

各运动素质的发展是相互影响,相互制约的,某一运动素质的发展对其他素质的发展会产生不同的影响,例如腿部力量差的运动员就会影响他速度素质的提高,这就要通过发展下肢力量去发展速度素质。而速度素质差的运动员,力量,尤其是爆发力就能得到高水平的发展。而且专项素质的提高在某种限度上又有赖于一般素质的全面发展。

专项训练的内容和手段主要是专项运动的动作本身,只进行专项训练,特别是在少年儿童的训练中,反复进行专项练习比较枯燥,并容易产生机体的局部负担过重和中枢神经系统的疲劳,这在一些周期性项目,如跑步、游泳、速度滑冰等的训练中尤其明显,而配以适当的一般训练内容,则能起到积极的调节作用,更好地提高专项训练的效果。

(二)区别对待原则

运动训练过程中,区别对待原则是指对于不同的专项、不同的运动员和不同的训练状态、不同的训练任务及不同的训练条件都应该有区别的组织安排各自相应的训练过程,选择相应的训练内容,给予相应的训练负荷。

1.共性与个性和谐发展

各运动专项都有自己的决定因素及不同的发展规律,但各专项的特点又能反映出所有运动项目的共同规律。因此,在集体项目中,个人训练作为集体训练的补充不能忽视。例如,排球队中,某些队员扣球技术较差,而另一些队员,接发球到位率较低,在集体训练过程中,要有针对性地安排必要的个人训练,安排个人训练要注意处理好与集体训练的关系。

2.有的放矢,保证重点

学校课余运动训练项目多、训练人数多,教练员相对较少。如田赛训练中的各小项都分布有不同年级、不同性别的运动员,一个教练员对付这种复杂的局面,可考虑平时训练多用小群组合,赛前重点考虑报名队员的训练。在径赛训练中,如:短跑取决于快速力量和步频,中长跑要的是速度和耐力,马拉松跑要的是耐力。运动训练时,要根据自己的专项,如全程、半程、十公里等,来确定自己重点发展的专项素质。对于跑马拉松来说,最需要的是耐力,一个是腿部肌肉、关节坚持长时间运动的耐力,另一个就是心肺耐力。这两种耐力,相辅相成,互相影响,互相制约,缺一不可。在训练中,要有针对性地对耐力不足的专项来进行训练。对于腿部耐力不足的情况,可以通过要求时间的长距离跑、山地跑、越野跑来锻炼,控制跑时的心率和呼吸,要求尽量跑得时间长。对于心肺功能耐力可以用间歇跑,要求速度的山地跑和越野跑来进行强化,训练时要控制跑的速度,让心率尽量拉高。这两种训练方法也是互相渗透的,各有侧重点,长时间长距离的耐力跑,既能锻炼心肺功能,也能锻炼腿部肌肉耐力。不同项目的运动训练在不同课程或同一课程的先后部分,可将身体训练和技术训练穿插进行,一般来说,前期着重于身体训练,后期着重于技术训练。

三、分析高校体育教学和运动训练的不同之处

(一)体育教学和运动训练具有不同的概念界定

运动训练属于一种竞技体育,它是一种进行运动训练以最大限度激发运动员的体育潜力为基础,让运动员参加体育竞赛,获得优异成绩的过程。它体现的是一种竞争概念,是想要通过运动训练,激发运动员的运动潜力,战胜对手。运动训练包含三方面的意义:第一,通过运动训练,使运动员取得最高成绩的活动;第二,运动训练需要在严格的竞赛制度和竞赛规则指导下进行;第三,运动训练过程中,运动员取得最高运动成绩的过程也是其运动潜力最大限度得到激发的过程。而体育教学的概念就比较简单,它是学校教学的一个部分,是一种提高学生身体素质,提高学生理解力、想象力、自主学习能力的过程。进行体育教学的目的是为学生树立终身体育的观念,为学生传授基础的体育技能,进而增强学生的身体体质,促进学生身体健康发展。

(二)高校体育教学和运动训练具有不同的特征

运动训练的特征主要从三个方面体现:首先,运动训练使用的方法比较多,使用的仪器设备都具有专业性和科学性。借助专业的场地,体育器材进行训练,以最大限度激发运动员的运动潜力。运用高强度、高负荷的运动训练提高运动员的成绩;其次,不同的运动项目具有不同的运动训练形式,其中涉及的比赛形式和比赛规则都会不同,这些不同就决定了训练方式的不同;最后,运动训练面对的仅仅是学校通过层层选拔,选定的具有运动潜力的运动员。

体育教学的特征主要表现也有三个方面,与运动训练截然不同。

首先,体育教学面对的是全体学生,所有参与高校教学的学生都有权利参与体育教学,不同身体素质的学生通过体育教学,可以得到同等限度的身体锻炼。

其次,体育教学具有全面性的特点。体育教学除了需要锻炼学生的身体,提高学生的身体素质之外,还需要为学生树立终身体育的意识,还要借助体育教学,培养学生健康的心理,提高学生的思想道德素质等。

最后,体育教学体现学生的主体性。通过多样的教学方式,学生实现从理论知识接收到体育实践的成功转变。在体育实践中,学生的主体性得以体现,并在不断实践中形成体育意识和体育锻炼习惯。

(三)高校体育教学和运动训练的目标不同

运动训练的目标比较简单,就是通过运动训练,使运动员获得运动名次,不断突破自己,获得竞赛冠军。体育教学的教学目标则是让学生通过参与体育教学活动,强身健体,提高身体素养,获得美好的身心体验。由于两者的目标不同,组织的教学活动,采用的教学方式自然不同。运动训练相比体育教学,具有更高的教学要求,进行运动训练的运动员几乎都具备足够的身体素质,都拥有基本的体育技能。

四、分析高校体育教学和运动训练的相同之处

(一)体育教学和运动训练都是一个教育过程

尽管体育教学和运动训练具有很多不同的地方,但是从根本上讲,它们都是一个教育过程,由教育者与被教育者互动的教育过程,在这个过程中,学生或运动员是主体,教师或教练发挥主导作用。针对运动训练,教练需要多方面考虑,制定科学合理的训练计划,体育教学则需要根据相关的教学目标和课程标准做好课程安排工作。

(二)体育教学和运动训练都对学生的身体健康非常重视

不管是体育教学还是运动训练,都十分注重培养学生健康的身体,都十分重视提高学生的身体素质。学生身体健康是体育教学的重要教学目标,学生身体健康是进行运动训练的基础,所以两者对学生身体健康都比较重视。

(三)高校体育教学和运动训练中的项目内容是具有共通性的

运动训练中涉及的项目很可能在体育教学中传播,运动训练中的项目也可能作为体育教学中的教学项目,例如田径。而体育教学中的项目体现出了人与人之间的差别,那么这种项目就可能成为运动训练中会涉及的项目。只有当体育活动单纯地体现人的健康培养的时候,才是单纯的体育教学。

（四）不管是高校体育教学还是运动训练都需要人体进行运动

运动训练，顾名思义，很显然是需要运动员在训练过程中进行运动的，运动训练就是一个高强度的运动过程。体育教学虽然与运动训练不同，但也需要学生积累一定的运动量。体育教学涉及理论教学和体育技能培养两个板块，学生接受体育理论知识，形成体育技能的过程，就是体育运动的过程。只有在不断运动，练习体育技能的情况下，学生的身体健康才有保障，学生的身体素质才能够提升。

五、高校体育教学和运动训练实现互补的有效策略

（一）借助运动训练手段，培养学生的自然素质

自然素质相比于其他素质，处于降低的素质结构层次，但是对其他素质形成发挥重要作用，自然素质中最重要的成分就是身体素质。借助体育教学，就是为了培养学生的身体素质，进而发展学生的自然素质。提高学生身体素质的重要手段就是要强化学生体质，增加训练强度。运动训练涉及更多专业的训练技能，在训练过程中运用科学的手段，在保证运动员不受损害的情况下，不断增加运动员的生理负荷，提高运动员的体育项目能力，从而在竞赛中有良好的表现，为我们展现出优美的风景线。体育教学中，培养学生的身体素质，可以借助运动训练的手段，在必要的情况下，采取科学的训练手段，增加学生的运动负荷，学生只有具备一定的运动负荷量，才更有可能实现身体素质的提升，才能够更好地发展自然素质。

（二）体育教学和运动训练教学内容上的互补

运动训练主要是为运动员安排大量的运动来提升运动员的身体素质，强化运动员的项目技巧，运动训练偏向于反映机械运动的特点，对运动员来说，只能够在其中体会训练压力，很难从中感受到乐趣。体育教学应该选择更简单、实用，更容易激发学生兴趣的教学内容。因此，在运动训练中，也应该适当地引进体育教学理论，借鉴体育教学内容，丰富运动训练内容，提高运动员的训练兴趣，使运动员在高强度的训练中也能适当放松自己。另外，体育教学过程中，如果只是简单地以锻炼学生身体为主，不考虑其他教学目标也不行，还需要进行一定的体育项目训练，而这些体育项目训练又需要借助运动训练的相关技巧进行指导，又需要根据学生的体育学习情况，适当的增设运动训练内容，强化学生的身体素质。结合运动

训练的教学内容和手段,更符合新时代下对体育教学提出的要求,更有利于学生形成良好的体育意识和身体素质。

(三)体育教学和运动训练的教学方式互补

体育教学相比于运动训练,更倾向于理论知识的传授,也就导致很多教学方法和教学理论没有办法通过实践进行验证,使得教学理论和教学方法失去指导意义。如果将体育教学中的相关教学理论和教学方法运用到运动训练中,在高强度的运动训练下,相关教学理论必然得以验证,多样的教学方法必然在运动训练中发挥作用。而运动训练中虽然缺乏教学方法,但是使用的教学方法都比较有效,都是在无数次实践中验证的教学方法,针对运动强度不大的体育教学,使用运动训练的教学方法指导体育教学中的某些项目训练,必然会带来满意的结果,不会因为过多进行教学实验,浪费教学时间。因此,体育教学和运动训练要想实现双赢,共同促进高校的体育工作发展,还需要从教学方法上进行互补。

综上所述,针对高校体育教学和运动训练进行了简单的研究分析。体育教学和运动训练作为高校体育工作中的重要组成成分,两者之间存在差异,也存在共通之处。两者之间都为提高学生身体素质,促进高校体育工作顺利进行发挥作用。高校需要针对校内运动训练和体育教学的异同进行分析,把握两者的特征,寻找教学共通之处,实现教学上的有效互补。不管是体育教学还是运动训练,它们之所以会成为高校体育教学工作中的重要成分,必然有其独特的意义,相关工作者必须在日常实践中,把握好体育教学和运动训练工作,相关教学人员互相交流沟通,实现体育教学和运动训练上的教学完善。

第二节 体育运动训练互动模式研究

体育教学与运动互动模式在很多高校中尚未实行,大多数高校只重视学生们的知识教育而忽略了青少年的身体健康素质。俗话说"身体是革命的本钱",在如今社会发展过程中,知识固然重要,但身体素质更不能忽视。试想一个国家的青少年只有满腹经纶,却没有一个强壮的身体,那么国家怎么能快速地发展。"少年强,则国强",这里的少年强是指青少年必须具备知识、能力、健康的身体去守卫国家,发展国家。有学者认为,高校通过体育教学的方式去让青少年得到锻炼就可以;而有的则认为应当通过体育教学与运动训练的互动模式使青少年养成一个锻炼身体的好习惯。如果高校只通过体育教学的方式唤醒青少年对体育的重视,只会治标不治本。高校体育应通过体育教学与运动训练的互动,实现共同发展才能达到双赢的效果。

一、高校体育教学中存在的问题

(一)高校缺乏对体育教学的重视

一直以来,学校受传统教育思想的影响,学校一直被认为是学习文化知识的圣地,只重视文化知识的传授及孕育人才而忽略了体育教学的重要性。首先,高校没有开设相关体育教育的课程,把学生们多余的时间都拿来搞关于学习方面的活动,学生们没有多余的时间去锻炼身体提高自身素质。对于高校学生来说,参与的运动项目会因性别而各有不同,部分男生比较喜欢打篮球和踢足球,女生则对体育舞蹈、瑜伽、健美操等运动比较感兴趣。其次,大多数高校缺乏对体育教学的重视,对高校体育的发展边缘化。

(二)学生缺乏体育参与的自主性

高校体育的发展需要专业体育教师引导,正所谓"师者,所以传道受业解惑也"。高校体育若缺乏体育教师的引导,会使学生缺乏自主性和独立性。首先,大多数高校开展的体育课都是比较基础的,而且种类不多,有些体育老师对体育教学缺乏重视,认为学生学习压力比较大,体育课的任务是调节与放松课余生活。其次,体育教师的置之不问会导致学生们缺乏自主地去锻炼身体的意识。高校在体育教学过程中,老师们都是按照教学安排机械地给学生们灌输教学知识,而学生们也只能被动地接受学习,忽略了学生们的全面个性化发展。因此,体育教学目标是很难达到的。

(三)体育教学知识与体育技能分离

众多高校虽然按照教学计划开展了体育相关课程,但是往往体育课程采取的是体育知识和体育技能相分离的教学模式。大多数体育老师会选择一节课专门在教室里讲解关于体育方面的知识,一节课在操场上让学生们进行实操。但是,老师根本没有去示范应该怎样去做。诸如,赛前热身缺乏体育教师的引导、赛中缺乏体育教师的指挥、赛后恢复缺乏体育教师的指点。其次,体育老师会选择体育代表,然后随便教几个动作就让体育代表带着学生们做热身,老师没有重视运动前热身以至于学生们也敷衍了事,根本起不了作用。热身没做好,后面的运动项目想继续就很难,很容易受伤,这些现象导致我国众多的高校在体育教学上使得体育教学理论知识和体育技能相分离。

(四)体育教学中存在安全问题

各大高校虽然开展了体育教学,但是体育安全方面的问题却没有得到重视。体育课程都是开设在课堂外的,在操场上进行的,户外进行安全得不到保障。我们会经常看到关于某某高校在体育教学中发生安全事故的新闻。学生们在运动过程中会利用学校里面提供的运动器械,因此,在运动过程中学生们没有充分的自我保护意识,就很容易受伤,甚至一不小心就会造成终身的遗憾。这些体育教学过程中遇到的安全事故对很多学生产生影响。因此,高校为了防止体育教学事故发生的概率不断上升,应当把体育教学安全建设全面。

二、体育教学与运动训练互动模式

(一)高校应当对体育设施进行全面的建设

体育教学在教学任务中是很重要的一部分,体育教学的好坏直接影响到一所高校的整个教学活动的开展。同时,一所学校的发展也离不开体育活动的开展。我国很注重青少年的全面发展,而青少年也处于身体成长阶段,所以高校应当重视起来。由于高校对体育教学的忽视,在体育设施方面投入的很少,在这方面也有所欠缺。所以,为了青少年的全面发展,应当从体育设施方面开始建设,而体育设施的建设也需要大量的资金,学校可以通过国家的资金支持,同时也可与社会相关体育企业进行合作。与此同时,还可以为体育企业输送优秀的体育人才。学校体育设施的建设当然也需要政府的支持,政府不但要支持还要监督学校是否把资金投入到体育建设上,同时还要杜绝学校在体育设施上乱收费的情况,如果出现乱收费情况会严重地影响到学生们的积极性,这就与初衷相悖。

（二）体育教学应当与运动训练相结合

虽然两者的方式不一样,但是在实施过程中缺一不可。体育教学给学生传授理论知识,让他们了解到体育训练的重要性以及体育项目方面的相关知识。体育训练应当坚持理论与实践相结合。因为,实践要通过理论来指导,理论通过实践来实现,只有两者相结合才能达到好的效益,才能更好地发展体育精神。运动训练可以通过开设篮球、足球、排球、健美操等项目对学生进行体能训练。同时,学校应当增加体育方面的师资力量并严格要求学生进行运动训练。可以通过学分来要求学生,这样既可对他们起到监督的作用,同时还可以严格要求学生养成体育运动的好习惯。

（三）增强学生们的体育意识

一切为了学生,那么应当如何提升学生们的身体素质便极为重要。首要的目的就是要加强学生们的体育运动意识。首先,学校应当为学生制定一个完善的体育课程教学计划。教师在对学生素质的培养过程中,要善于创新,通过新颖的方式激发学生积极主动地参与进来。很多高校会有体育特训生,而且这些体训生都是带着目的去争夺利益赢得奖励的,这就导致非体训生的积极性受挫,这就需要老师采用合理、高效、健康、鼓励的方式去引导学生树立正确的体育观念。老师要对学生的健康发展负责,促使学生们养成一个良好的体育锻炼的习惯。学校可以通过举办运动会、社团活动得奖励的方式增强学生们的体育锻炼意识。[①]

三、体育教学同运动训练互动发展

体育教学同运动训练互动发展的前提条件需要建立互动发展的理念。随着社会对青少年的发展要求,强壮的身体是步入社会的前提条件。高校应当在教师中和学生中建立互动发展的理念。首先,老师对于学生来说是执行者、实施者和组织者,老师的一举一动能对学生产生影响,所以老师要掌握两者互动发展的理念才能更好地带领学生。其次,高校是围绕学生开展的教学计划,学生占主导地位,所以要培养学生的体育理念,让他们明白两者之间的关系。学会把两者结合起来共同发展继承体育精神。

---

①常德庆,姜书慧,张磊. 高校体育教学与运动训练研究[M]. 吉林出版集团股份有限公司,2020.

综上所述,高校对青少年的培养过程中,既要注重学生们的文化教育,也要重视学生们的身体素质。通过体育教学和运动训练互动模式来增强青少年对体育运动的积极性。同时,高校应该采取科学、合理的教学手段促使学生全面发展,使得身体素质和学习能力得到提升。最终,全面推动体育教学和运动训练模式,使高校体育教学水平得到提高。

第三节 体育运动训练"体教结合"模式

一、运动训练专业实施"体教结合"培养模式的基础

(一)高校运动训练专业学生的生源情况

根据国家的有关规定,运动训练专业录取一级运动员(含)以上技术等级资格的新生人数不能低于该专业当年招生计划的15%。从目前我国的基本情况看,运动训练专业招收的具有一级及以上运动技术等级的学生大多是体育运动学校、运动技术学院等体育系培养出来的高水平运动员,这些人是运动训练专业学生的重要组成部分,是实施"体教结合"培养模式的重点人群。此外,一些从体育传统学校和普通中学招收进来的具有二级运动员及以上称号的学生,是运动训练专业的主要组成部分。这些具有高水平运动等级的运动员入学后,即纳入教育的体系中,体育和教育的结合将使他们的人生进入一个新的阶段。

(二)学生身份的显微差别是运动训练专业实施"体教结合"培养模式的基础

由于运动训练专业招生过程中生源的不同,入学后这些学生又分为"运动员学生"和"学生运动员"。"运动员学生"是指第一身份是专业运动员又有学籍的学生。他们从小被选进专业队,脱离学校进行专门的运动训练,一般具有较高的运动技术等级,并以此为职业(拿工资)。其特征是文化学习不系统,学习过程有长期的间断或连续性较差,实际文化限度与在普通学校接受教育的同龄学生相比差距较大。"学生运动员"是指第一身份是普通中学和大学的学生、一直参加训练竞赛的运动员。他们首先是学

生,其次才是运动员。学生运动员的基本特征是,相对于"运动员学生"而言,运动技术等级偏低,他们在学校不间断地进行系统的文化学习,而且能达到所在学校对学生在学业上的基本要求。运动训练专业学生群体的这一特殊性,是体育部门和教育部门结合进而实施"体教结合"培养模式的基础。①

二、运动训练专业"体教结合"培养模式存在的突出问题

"体教结合"是指在"以人为本"的科学发展观指导下,体育部门与教育部门为共同培养全面发展的高水平竞技体育人才而构建的和谐体系。"体教结合"问题的提出源于新中国成立以来体育与教育部门分隔而治的历史时期,最初提出"体教结合"模式是为了探索高校试办高水平运动队的尝试,而随着运动训练专业招生范围的逐渐扩大,高校在运动训练专业招生的过程中有"运动员学生"在队不在校、"学生运动员"在校不在队的问题。

一方面这些"运动员学生"有高校在校学籍,但因经常随各自专业队伍参加比赛和训练,尽管他们是"大学生",却很少"光顾"学校,毕业后拿到的也只是一个名不副实的文凭,"体教结合"仍是只"体"不"教",体育、教育两张皮。他们在体育部门是运动员身份,而在学校又是学生身份,因此,有效的管理难于实施。管理体制分隔,学训矛盾突出,教学安排困难,"体""教"失衡发展,是这部分学生面临的突出问题。

另一方面,"学生运动员"虽然全日制在高校学习生活,但是他们在专项训练上却很少得到专业教练员的指导,专项训练水平较低,运动成绩难以提高,这部分在校学生多"教"而乏"体"。而在文化课堂教学中,教师仍然采取传统教学模式,教师讲、学生听,教师写、学生记等方式,这种教学方式既没有结合学生运动员文化基础差的特点,也没有把相关学科理论知识和学生运动员丰富的实践经验结合起来,因此,课堂组织形式缺乏灵活性和针对性,使教学质量徘徊不前。整体来看,教育系统和体育系统只是貌合神离,体育和教育的分隔对运动训练专业学生未来的就业没有实质性的帮助,这让教育界和体育界都面临着尴尬的局面。

三、实施"横向合作"和"纵向发展"相结合的"体教结合"模式

"体教结合"的培养模式尽管在实施中存在问题,但这些问题不是"体

---

①李明,曹勇.体育运动心理训练理论与实践[M].武汉:中国地质大学出版社,2015.

教结合"自身的问题,而是我们在实施过程中体育和教育两个系统中的部门制度融合方面的缺陷问题,这些问题是可以通过制度的改革创新加以完善的。鉴于此,当前运动训练专业学生的培养应坚持"体教结合"模式,采用"横向合作"和"纵向发展"相结合的培养模式。所谓"横向合作"即教育系统应加强与体育系统的全面、深度合作,实行联合培养机制,加强沟通了解,明确职责分工,共同制定培养计划,合理安排训练比赛和学习时间,通过常设联络员进行沟通,派遣教师授课和运动员学生到校集中学习等方式,突出解决管理障碍、学训矛盾和教学安排等难题。而"纵向发展"是指教育系统应该运用自身的资源优势,通过体育部门和教育部门师资定期互换交流,加强在体育部门的实习实训基地建设,改革培养体系,改良培养方法,加大资金支持力度,加强场馆设施建设等,继续发展学生运动员的竞技体育能力、提高学生的竞技体育水平和文化水平。通过"横向合作"和"纵向发展"相结合,实现高水平竞技体育人才的联合培养和独立培养兼容,校内培养和校外培训互补、文化学习和竞技训练协同等方式,拓宽运动训练专业高水平竞技体育人才的培养思路。

四、运动训练专业学生"体教结合"培养模式的具体措施

(一)运动训练专业学生培养目标的合理定位

"体教结合"的培养模式必须以正确的人才培养目标定位为前提。当前以培养教练员和专项教师为目标的单一目标体系已经不能适应社会对人才多样化的需求,而以培养体育专门人才和复合型人才为目标的多目标体系以及以培养高级专门人才为目标的高目标体系却又因为运动训练专业学生的生源质量无从保证而落空。为此,高校探索"体教结合"的培养模式,客体上高校应提供"体""教"结合的土壤,将既有高级别运动等级又有一定文化素养的运动员学生培养成高级专门人才为目标,做到运动训练水平和文化教育同步提高和发展。主体上高校应提供既"体"又"教"的培养空间,将不同文化层次和竞技水平的学生运动员培养成竞技体育专门人才和复合型人才为目标,做到分层次设置培养目标,使高校成为既能实现联合培养又能实施独立培养综合性人才培养基地。

(二)加强合作,优势互补,全面实施"体教结合"培养模式

在"体教结合"教学模式中,体育系统优势主要在于训练、比赛经验丰

富,对运动员运动成绩提高和经验积累具有重要作用。而教育系统,具有浓厚的学习文化知识氛围、系统的知识体系和丰富的学习资源等优势,能为运动员学生获得较强的专业理论知识提供客观条件。因此,在当前阶段,体育系统和教育系统在"体教结合"教育模式中都应该发挥各自作用,加强合作,实现优势互补,从而实现"体教结合"这一教学模式目标。为此,在提出的体育系统和教育系统"横向合作"的思路中,首先,高校要建立与体育系统运动员主管部门的"链条"机制,加强各个环节的沟通合作。如共同参与制定运动员的培养方案,合理设计运动员学生专业训练和理论学习时间,避免出现训练和学习时间冲突,而使得训练和学习时间相互牵扯,各自时间都无法保证的情况。其次,在对运动员学生进行成绩评价方面,设立切实可行的运动员成绩考评体系,规划设计"体教结合"紧密的综合性考评手册,走出单纯以运动成绩考评或单纯以文化成绩考评学生的模式,建立灵活、可行的评价体系。如在学业完成达标标准方面,实行学分制的方式对学生进行考核。当然,这其中涉及具体问题需要具体考虑。因为运动员学生在一定时间段中,可能会因训练比赛等情况而导致文化学习的落后,这就需要给予他们灵活的学习方式和考核时间。第三,在理论学习组织形式上,应该灵活多样,充分考虑学生自身文化素质情况和他们丰富的训练和比赛经验。把理论文化知识融入到实践当中去,从而便于学生运动员接受学习,以促进自身综合素质的提高。

从"纵向发展"的思路出发,首先要根据生源的项目特点制定分级、分层、分专业的多样化培养目标,始终遵循竞技体育人才运动训练和文化教育两方面的规律,注重学生思想道德素质的培养,充分利用高校良好的育人环境,培养既有文化素养,又有高水平运动成绩的综合性人才。总之,要充分利用高校教学、科研等方面的优势,建立适合高校办学特色的运动训练专业,实施高水平学生运动员"体教结合"的培养模式。

(三)整合资源,合理布局,优化教练队伍,不断改善办学条件

"横向合作"和"纵向发展"相结合的"体教结合"培养模式,强调的是合作培养和独立培养相结合。因此,在横向合作培养方面,要拓宽运动训练专业运动员学生的培养途径,最大限度发挥体育系统和教育系统的资源优势,形成多层次奖励、资助机制,如学校可以考虑对在一线负责运动员训练的教练员和文化课教师给予一定的课时补贴,对取得优异成绩的学生运动员及教练员给予适当的物质和精神奖励,当然作为回报,运动员取得优异成绩的同时,应该为提升学校在社会上的知名度和影响力尽一份义务。对于纵向发展方面,要积极动员学校领导,加强内部资源的有效利用,对运动项目进行合理布局,培训与引进高水平的师资队伍相结合,加大资金投入力度,不断改善办学条件,充分调动教师和学生运动员的积极性和创造性,将学生运动员专项技能的提高作为培养的基础,为探索适应高校运动训练专业的"体教结合"培养模式创造条件。

(四)重视"学训"矛盾,合理规划,加强管理

加大对于长期困扰体教结合的学训矛盾的研究,并且努力解决这对矛盾。学训矛盾不仅仅是"运动员学生"文化学习与训练之间的矛盾,而且还有"学生运动员"专项训练和文化学习之间的矛盾。通过实践探索,优化现有的培养体制,提高学生的"学训结合"效果,使体育部门和教育部门有效融合后所培养的人才适应社会需求。加强对运动员日常生活、训练、文化学习及考试考评的管理,强调多部门"链条"衔接、统筹运转,既承认单个部门单独培养的成果,又注重两个部门联合培养的效果,形成两个部门学生管理方面的有效结合机制。在这当中,可以充分利用现代多媒体教学手段和网络对运动员学生文化知识教育,尽可能解决运动员学生在训练比赛时间和文化学习时间相互冲突的问题。当然,仅仅这样是不够的,还需要运动员学生所在专业队相关负责人和学校之间形成有效配合机制,以保证上述学习模式落到实处。此外,如果条件允许,可以加强两个部门的经验交流,互派专业教师或者教练员上门指导,从而确保学生的训练和学习有明显效果。

(五)以人为本、统筹兼顾,加强"体教结合"培养模式的研究力度

应紧紧围绕"体教结合"内涵,运用以人为本、统筹兼顾的科学发展观审视其目的、意义、体系、内涵、培养模式等。加强运动训练专业学生入学资格管理,以严把"进口"关为基点,有计划的逐步提高学生文化课入学标准和专项技术标准。建立科学的目标导向,强化文化教育管理,建立"学训兼容"的培养机制,尝试校内培养和校外培养结合的模式,从真正意义上做到体教融合,逐步走向体教结合的理想目标,实现竞技体育回归教育,教育效果不断优化。

总之,运动训练专业培养的学生,既是高校竞技体育运动的宝贵资源,又是国家竞技体育人才的基地。因此,体育系统和教育系统应共同参与学生培养方案的制定,高校应根据现实条件制定分级别、分层次、分专业的多样化培养目标,以"体教结合"培养模式为基础,采用"横向合作"和"纵向发展"相结合的思路,整合体育系统和教育系统的资源优势,实现优势互补、资源共享。当然,当前"体教结合"培养竞技体育人才的模式固然存在问题,但是我们相信,只要通过不断的深化改革、广泛的开展研究,并不断地进行实践探索,"体教结合"培养模式必将会发挥培养人才的效能。

第四节 体育运动训练协调发展模式

随着我国教育事业的不断进步,高等院校的教育事业在不断地革新和完善中,人们对体育学科教学的关注限度也越来越高。作为提高学生身体综合素质的重要学科,体育教学的改革无疑是十分重要的。虽然应该将其和运动训练相互融合,但是从目前情况来看,两者的融合效果并不理想。有的体育教师认为,只要满足了日常的体育教学,就能将学生的身体素质提高,进而养成良好的运动习惯,其基本的教学任务也算完成;部分高校也认为体育竞技应该是运动员的任务;有的高校也持有不同看法,他们认为体育的魅力表现在其比拼和竞技上,追求更强、更快、更高的体育精神。学校应该组织学生参与体育活动,以竞技为主,健身为辅。本文针对"运动训练与体育教学的协调发展"进行分析,希望有一定参考价值。

一、高校运动训练与体育教学的概念

在体育教学过程中,运动训练是将其教学内容进行展示的一种有效方法和途径,通过学员和教练双方的互动和交流,实现提升学生运动能力和素质的目的。体育教学不仅是为了完成相关的教学任务,同时也是一种比较普遍的工作状态,在其工作过程中,教学工作者有特定的任务和指标,有一定的计划目的和组织性,有专门的使用技巧和方法。运动训练的最终目的,是针对学生的自身心智、身体素质以及相关的运动技巧进行训练。

二、高校运动训练与体育教学的差异性和共同点

(一)运动训练和体育教学在形式和内容上的相互联系

从二者的内容上进行分析和研究,可以发现二者都是以体育学科作为基础,进而开展的一系列活动和教学过程。不论是在运动训练过程中,还是体育教学过程中,二者都是相互补充、相互融合进行发展的。另外,二者在教学器材和场地方面的要求都十分严格,并且学生最终取得的成效也都是通过相应的考核成绩加以评定的。[①]

(二)运动训练和体育教学之间的不同

运动训练是对学生的专项练习,学生通过运动训练参加各类型的比赛,如果想要在比赛中取得好的成绩,在训练过程中要求就会比较严格,因此运动训练也具有较强的目的性和针对性,并且主要针对的都是专业人才或运动员。从体育教学角度来看,只是教育工作者通过多角度、全方位的教学方法,指导学生进行体育练习,并教授学生相关的运动知识,学生在学习的过程中会相对轻松,比较大众化。

(三)运动训练和体育教学的目的和任务

从长远角度进行分析,两者在各自的教学阶段必须将各自的方针掌握好。在体育教学中,学生通过教师的讲解和指导,能够进行简单的运动,并掌握多种体育技能,使自身在某一项运动上可以有进一步提高。不仅如此,学生通过长时间的体育运动,可以提升自身的综合素质,在心理和身体上都能得到一定限度的放松。它的目的和任务是通过长时间的专业性练习,使学生的运动水平进一步提高,增强专业能力,以此让学生在参加体育竞技时能够取得更好地成绩,可见,体育教学和运动训练的最终目的是不一样的。

三、高校体育教学和运动训练协调发展的措施

(一)提高学校重视限度,加强相应管理措施

要想使高校的运动训练和体育教学实现协调发展,学校必须提高对此项工作的关注和重视限度。首先,在高校的管理层面,管理人员应该对体

---

①邓万里,李晓.民族体育 珍珠球·蹴球运动教学与训练研究[M].长春:吉林大学出版社,2014.

育教育有正确的认知,充分认识到体育教育的重要性;其次,还要加强高校内部其他教职员工的思想观念,通过在整个学校教学层面形成全员管理,将体育教学与运动训练的协调发展概念融入,进而让全校师生能够认知到运动训练和体育教学协调发展的重要性。

(二)优化教学方法,合理开展体育运动

学生在学习知识的过程中,都应该注重实践和理论知识的结合。在传统的高校体育教学中,主要以理论讲授为主,不能将学生们真正的运动需求和兴趣考虑在内。而随着时间变长,体育教学没有足够的吸引力,教师不能将其具有的趣味和优势发挥出来,这也就让很多学生失去了体育运动的积极性。要想将这种情况改善,让学生重新提高对体育运动的兴趣,体育教师就应该改版传统的教学方法,可以通过一些有挑战的体育训练项目让学生们集中注意力,还可以通过有趣的活动进一步激发学生们的体育学习兴趣,使其真正参与进教师的教学中来,还可以举办不同系别、不同年级之间的友谊比赛,不仅可以带动学生们参加体育运动的主动性和热情,还能加强学生之间的合作。与此同时,教师应该与学生进行充分、积极的沟通,尽量满足学生的需求,提升其主动性。这也是协调运动训练和体育教学的基础。

(三)加强师资队伍建设,提高学生安全意识

体育教师的综合素质在体育教学中无疑是非常重要的。要想将体育教学的效果进一步提升,就必须培养体育教师的综合素质。体育教师不仅要足够了解运动训练和体育教学,还应该结合相关的安全标准,制定出符合实际的教学目标。在教学过程中,体育教师不仅是一个教授者,也是一个引导者,通过对学生的充分引导帮助学生掌握相关运动训练的动作重点,并告知学生可能发生危险的行为和动作,确保学生能够在十分安全的环境中进行各种体育活动和运动训练。此外,体育教师还应该教学生们处理一些身体损伤或其他紧急状况的方法,提高学生面对危险时的处理能力。

在进行运动训练和体育教学时,学生应该重视安全。从实际情况来看,如果学生们拥有充足的安全意识,那么在体育运动过程中,可能发生危险事件的概率也会大大降低。要想实现这个目的,就要求在进行体育教学和运动训练之前,应举办有关安全意识的教育活动,在教师的教学过程中,也要将安全放在首位,进而优化体育教学活动。不仅如此,高校也应该制定相关的安全规章制度,指导学生对安全风险进行防范。从目前的情况来看,部分高校在体育教学过程中依然存在很多问题,体育教育观念不强、体育教师能力不足、体育教学缺乏完善的教育资源和安全教育等,都对运动训练和体育教学的协调发展造成阻碍。要想改善这种状况,不仅需要高校提高体育教育的教学观念,增强体育教师的教学能力,也要将相关的管理制度进行完善,并提高学生的安全意识,进而促进二者的协调发展。

第五章 体育运动训练的计划与方法

第一节 体育运动训练计划的意义和理论基础

体育运动是一种复杂的社会文化现象,以身体活动为基本手段,增强体质、增进健康、娱乐身心以及培养人的各种心理品质为目的。随着社会经济的发展,人们的生活水平日益提高,人们不再仅仅满足于物质方面的需要,精神方面的需要开始主导我们的生活。现在很多人越来越重视自己的身体健康,体育运动已深入我们的生活中,大家逐渐认识到小小的动作却对我们的身体机能有着非凡的贡献。同时,人们对于体育的认识不只限于强身健体的方面,希望通过体育活动的参与得到更多的精神享受。①

一、体育的概念

体育的广义概念(亦称体育运动)是指以身体练习为基本手段,以增强人的体质,促进人的全面发展,丰富社会文化生活和促进精神文明为目的的一种有意识、有组织的社会活动。它是社会总文化的一部分,其发展受一定社会的政治和经济条件制约,并为一定社会的政治和经济服务。体育的狭义概念(亦称体育教育)是一个发展身体,增强体质,传授锻炼身体的知识、技能,培养道德和意志的教育过程,是对人体进行培育和塑造的过程,是教育的重要组成部分,是培养全面发展的人的一个重要方面。

二、运动的利处

现在很多人对于体育运动,没有足够彻底的认知,仅仅认为体育运动就是强身而已,殊不知,体育运动对于生理和心理都有着重要的作用。

---

① 李鑫. 浅谈体育运动的意义[J]. 科技信息,2010,(2):283.

(一)在生理上

体育运动有利于促进人体骨骼、肌肉的生长,增强心肺功能,改善血液循环系统、呼吸系统、消化系统的机能状况,有利于人体的生长发育,提高抗病能力,增强有机体的适应能力。降低儿童在成年后患上心脏病、高血压、糖尿病等疾病的机率。体育运动是增强体质的最积极、有效的手段之一,可以减缓人们过早进入衰老期的风险。体育运动能改善神经系统的调节功能,提高神经系统对人体活动时错综复杂的判断能力,并及时做出协调、准确、迅速的反应,使人体适应内外环境的变化,保持肌体生命活动的正常进行。

(二)在心理上

体育运动具有调节人体紧张情绪的作用,能改善生理和心理状态,恢复体力和精力。体育运动能增进身体健康,使疲劳的身体得到适当的休息,使人精力充沛地投入学习、工作,同时舒展身心,有助睡眠及消除读书带来的压力。体育运动可以陶冶情操,保持健康的心态,充分发挥个体的积极性、创造性和主动性,从而提高自信心和价值观,使个性在融洽的氛围中获得健康、和谐的发展。体育运动中的集体项目与竞赛活动可以培养人的团结、协作及集体主义精神。

三、不运动的弊端

同时远离体育运动会降低我们的生活生存品质,给我们造成的损失也是不容小觑的,世界卫生组织估计,全球因缺乏运动而引致的死亡人数,每年超过二百万。不运动会使身体的免疫能力下降,某些疾病和病毒不能得到有效免疫而诱发猝死。不运动会给我们的身体健康带来很多伤害,例如:不运动使人的全身血管血容量减少,心脏功能减退,加重中老年人的心脏病,提前发生动脉硬化、冠心病和高血压等病症。使胸腔血液不足,导致人的心、肺功能进一步降低。容易引起肠胃蠕动减慢,消化腺分泌消化液减少,出现食欲不振等症状,加重人的腹胀、便秘、消化不良等消化系统症状。不运动还会使人的脑供血不足,导致脑供氧和营养物质减少,加重人体乏力、失眠、记忆力减退并增大患老年性痴呆症的可能性。会导致人心理压抑,爱发无名火,精神状态欠佳。还有一个重要的情况,如果小孩不进行足够多的体育锻炼的话,那他们的大脑发育也不会很好,就影响到智力稍微不明显的低下。

四、体育运动促进社会交往

体育运动可以促进人们的交往,参与体育运动不仅能使人与人之间相互信任、支持,在精神和物质上相互影响,体育运动还被认为是沟通人与人之间,阶层之间,民族之间的催化剂。首先,体育运动为人们交往提供机会,研究表明:接近因素能增进人际吸引,简单的社会互动也会提高人与人之间的好感。体育运动内容具有人际交往的开放性,体育运动过程为人们的人际交往创造了机会和条件。体育运动中许多项目不仅需要个体的自主性活动,更需要同伴之间的协作配合。往往个体的自主性发挥必须通过协作才能发挥出来集体性。体育运动能培养开朗自信的性格,培养认同他人和正确自我评价的精神,培养人们宽容和善待他人的品德,改善个人的仪表和风度,这些都是提高人际交往能力的重要方面。

五、体育运动的文化与精神享受

文化已经成为现代体育精神的重要组成部分,体育为世界各民族文化的展示提供了交融互惠的现实平台,多元创造、对话交往更是新世纪体育文化精神的核心理念。体育作为一种相对独立的社会实践活动,是人类文化的重要组成部分。体育一方面能从形态和机能上完善人的身体,使其得到健康健美的发展。以达到增强体质和提高运动技术水平的目的。另一方面,积极参与和观赏体育运动,能产生机体上的舒适惬意,带来情绪上的欢快愉悦,给人以美的享受。同时,体育运动的欣赏是在美学原理的指导下,从体育文化、身体美、运动美、整体美等角度进行的。提高人们体育文化素质,培养欣赏体育运动的兴趣,树立正确的体育审美和欣赏观念,提高欣赏体育运动的水平是提高人民文化素质的需要。

六、合理的体育运动

经常合理的体育活动,对于增加全身的能量消耗,提高活动效率,保持旺盛的精力,促进各项生理功能的正常进行,培养体力和良好的习惯等等,都具有深远的影响。因此,经常合理地进行体育运动有着重要的意义。但是同时体育运动中也有许多要注意的事项。应注意进行长期的锻炼与练习,保持足够的营养、休息与睡眠等。所谓锻炼,就是反复进行相似的活动,产生全身适应性变化,使人体各组织、器官、系统的活动协调一致。所谓练习,就是在锻炼基础上,再经过多次重复相似的活动,产生全身适应性变化,使其效率不断提高。人体活动时,肌肉活动相应加强,对能量代谢的影响很大。无论从事什么样的活动,能量消耗都比其基础状态高,即比在清醒而安静状态时高。经过长期锻炼和练习,技能熟练程度与活动中所引起的呼吸循环、代谢等方面的变化,可与活动强度及持续时间协调一致,也就是说,活动时的生理状态,完全适应了活动过程中的需要,即建立了稳定的活动定型。

运动锻炼中要有足够的营养。进行任何活动,人体得付出一定的精力与体力,要消耗一定的能量。能量来自各类食物中的营养物质,如蛋白质、糖、脂肪等。这些营养物质是人体能量最主要的供应者。注意适当休息,任何体力活动都有引起疲劳的可能性,尤其是速度快、强度大、时间长的体力活动,疲劳出现得更早。一旦出现疲劳,就意味着应该停止活动,进行休息。休息的方式很多,既可动态休息,即改换另一种活动形式,或坐下来,开展文娱活动等,以达到休息的目的;也可静态休息,打盹或入睡。睡眠能有效地消除疲劳,保护体力。

第二节 运动负荷基础理论

没有负荷就没有训练,在运动训练学理论体系开始形成时,人们就开始了对运动负荷的探索。众所周知,运动负荷是取得优异运动成绩的基础。现如今对运动负荷的定义、分类仍有诸多争议,但诸多研究者从未停止对运动负荷的探索。前人通过对运动负荷与训练效果的关系进行解剖与分析,并进行大量的实践研究与理论探索,提出以强度为核心的训练理念,该文在回顾和总结我国众多学者对运动负荷研究的基础上对运动负荷的概念及划分结构进行梳理和剖析,以供商榷。

一、运动负荷的概念

对运动负荷概念理解的正确与否,将直接影响整个运动负荷的研究过程,目前尚未形成统一的认识。目前比较具有影响力的观点:第一是由哈雷博士、过家兴教授提出的"刺激说",他们提出运动负荷就是产生训练效果的刺激,运动负荷包含生理负荷和心理负荷,刺激也就包括生理刺激和心理刺激。第二是以普拉托诺夫、徐本力为代表提出的"刺激应答说",他们分别提出运动负荷是刺激给运动员身心所带来的影响或应答反应程度,包括生理和心理两部分,此观点目前在学术界认可度较高。第三是马特维耶夫、陈广虎提出的"工作量说",他指出,运动负荷因练习活动所引起的相对于安静状态所引起的功能活性的追加值或变化值。

二、运动负荷的划分

为了更好地理解和评价、监控运动负荷,我国学者开始尝试对运动负荷进行分类。其中影响力较高的有以下几种:王广虎按运动负荷对人体机能的影响将运动负荷分为生理、心理、生化及生物力学负荷。徐本力按承受负荷的目的将运动负荷划分为健身负荷、教学负荷、比赛负荷等。我国传统训练学理论认为运动负荷是一种刺激,由量和强度两个因素构成。负荷量是指负荷持续时间,包含单个训练练习或系列练习时间内完成的工作总数(在这里,术语"工作"的含义不仅是物理力学的,而且是生理学的);负荷强度是对机体刺激的深度,如单个练习的用力值、作用力度或者训练工作量在某一时间里(在评定系列练习的总强度时)的集中程度。负荷量和负荷强度推进我国运动训练科学化水平,在一定程度上缩小与国外训练理念的差距。

三、对运动负荷的认识过程

(一)借鉴移植阶段

最早,各国学者对运动训练规律的探索主要集中于对训练经验的总结,并未上升到理论的高度,经过长时间的积累与提炼,20世纪50年代末,苏联学者率先提出在运动训练的过程中认识到长期进行某一专项训练有较好的训练效益,并提出大运动量对于训练和比赛都具有良好影响。我国对运动负荷的认知缘起于周恩来总理观摩日本女排的训练,训练强度应高于比赛强度,训练难度高比赛才能比较轻松,应从难从严安排科学训练。这一观点得到时任体委主任贺龙元帅的认可,并与军事训练中的三从原则相结合,与体育界人士协商后共同提出"三从一大"的训练原则,并在我国女子排球中得到成功的验证,我国女子排球项目取得了优秀的成绩。我国学者在此国外训练经验的基础上提出大运动量是竞技能力的有效途径,是获得良好训练效果的必要条件。

但是训练理论的缺失和对大运动量的理解不够深入,仅停留在表面上,从盲目地加大训练的时间和数量开始,对间歇时间却不加以控制,完成动作的时间也不进行限制,盲目追求大负荷量,忽略大负荷量是手段而不是最终目标。大运动量训练的弊端也显现出来,运动员出现严重的伤病,以致很多优秀的运动员早早结束运动生涯,而很多优秀的运动员又不愿意进入竞技体育领域。在此阶段我国对训练学理论探索都是对训练经验简单的提炼和借鉴,并未上升到理论的高度。

(二)思索质疑认知阶段

国外学者哈雷于1969年出版《训练学》,标志着运动训练学作为一门单独的学科存在于世,开创了各国对运动训练学理论及原理的探索。同一时期,我国竞技体育在蓬勃发展,20世纪80年代,我国在奥运会场上赢得了很多荣誉。在人们享受"三从一大"给我国竞技体育带来胜利的同时,一些由于错误理解、盲目追求"三从一大"的弊端也慢慢显示出来,因常年承受超常的生理、心理负荷,很多因大运动量取得优异成绩的运动员,因过度训练产生严重的伤病,过早结束竞技体育生涯,而很多具有潜力的竞技体育后备人才,又恐惧大运动量带来的严重后果,拒绝进入专业运动队。造成这一现象的原因是很多人不能正确地理解大运动量。20世纪70年代,卡莱尔大运动量训练取得优异成绩的经验传入我国后,我国学者开始进行新的探索,对大运动量有更为深入的认识,从先前单一地规定训练量,更改为严格控制训练和间歇时间的训练量,对大运动两种的密度和强度进行合理安排,有效提高训练效果,实现在一个只有5条泳道的简陋游泳馆里,培养出了一批全国冠军和世界冠军,获得了惊人的运动成绩。

通过延长训练时间达到大运动量的目的,大大降低训练的效益,大量的疲劳累积造成运动损伤,与从严、从难、从实战出发,坚持大运动量的训练理念相违背,既忽略了负荷量和负荷强度相互依存的关系,也不符合现代训练理念由突出负荷量和突出负荷强度的发展趋势。中国在世界竞技体育上的进步得益于我国训练学家对运动负荷的重新认识。1986年,过家兴组织出版了我国第一本训练学专著,开辟我国运动负荷研究的新天地,并提出对于"三从一大"训练原则中提到的"运动量"应理解为"运动负荷"，也就是运动员在承受一定的外部刺激时，机体在生理和心理方面所承受的总刺激。[①]

由此可以得出结论，"三从一大"中的大运动量应改名为大运动负荷。随着运动训练理论研究深入，我国对运动负荷的认识和把控也向更科学、更先进的方向发展，逐渐缩小与世界顶尖水平的差距。

（三）客观理性认知阶段

在传统的训练过程中，对负荷量的关注远超过对负荷强度的关注。但随着大强度训练和高密度比赛的需要，逐步把研究的重点放在了训练强度上，并结合专项训练，在实践中取得了良好的训练效果。保加利亚通过高强度的训练培养了举重的世界冠军，广州举重队学习保加利亚成功的经验，根据自身实际情况，合理安排负荷量和负荷强度，有效提高我国举重运动成绩。加拿大学者曾做过一个实验：选取3个实验组，第一组以100%的强度每周训练1次，每次是15min；第二组是以75%的强度每周训练3次，每次60min；第三组是以50%的强度每周训练5次，每次120min。并对实验结果进行分析，研究得出，以100%强度的第一组训练效果最好，75%训练强度的第二组次之，50%训练强度的第三组效果最差。由此可知，负荷强度较负荷量更能产生良好的训练效果。

研究表明，高强度的训练与运动成绩息息相关，要想获得优异的运动成绩，少不了要承受高强度的训练，并提出强度以训练目标而定，提高身体素质的过程中就应加大训练的强度，在以发展技术为目标时就应降低负荷的强度。伴随训练学研究的日益深入，以及与其他学科的日益渗透，学者意识到不同的负荷强度刺激不同中枢神经系统，在训练中精确地变换负荷强度来提高技术动作和所需要的速度、力量的发展。负荷强度的交替形式应该是较低负荷强度之后最大的负荷强度，最后为中等程度的负荷强度。在了解负荷的构成、运动负荷与训练效果的关系后，部分学者开始思考如何确定适宜的负荷强度，以及如何科学地度量负荷的临界值。起初人们主要通过观察运动员训练时与训练后的反应，依靠主观及经验来评定运动负荷，此时未能对运动负荷做出准确的评价。后由于科学技术和其他学科技术的不断发展，深入研究负荷给人体机能造成的影响，通过人体的代谢产物来评定负荷强度，从而使运动负荷的评定向更加科学化的方向

---

①胡雪银.试论运动负荷的认知历程[J].当代体育科技,2021,11,(2):22-24.

迈进。

现代运动训练认识在运动负荷的组成部分中,应更加重视负荷的强度,并不断完善运动负荷的评价方法与手段,以更加准确地了解负荷对个体的刺激程度,以更好地安排训练负荷,从而适应高强度、大密度比赛的需要。

回顾我国运动训练理论的发展,随着对运动负荷认识过程的不断深入,促使我国的整体竞技实力普遍上升,对负荷研究主要体现在:年运动负荷总量提升;专项负荷强度逐渐受到重视;运动负荷评价指标更加科学、准确;重视对负荷的监控;训练后的恢复逐渐受到重视,以及恢复方式和手段不断创新;负荷的安排越来越科学化,根据项目特征、个体特征及同一个体不同状态区别安排负荷的量度。

第三节 体育运动训练计划的制定

一、大学生体能训练计划的作用

大学生体能训练的直接目的就是为了提高身体素质,进而提高其基本运动能力,科学、合理的体能训练对身体形态、身体机能、运动素质的发展及预防疾病起着重要的作用。目前,高校大学生中仍有不少人不能积极参加体能训练,而在参与体能训练的人群中也存在着体能训练不合理、不科学,甚至违反训练规律、原则的问题,也因此而导致了健身效果差、体能素质提高不明显,运动损伤渐增、放弃训练等问题的发生。体能训练计划是实现大学生训练目标和训练过程的规划,是体能训练过程的前提设想和预先安排,对体能训练实施具有重要的指导意义。

二、大学生体能训练计划的类型

大学生通常在校4年以上,可把其在校期间的整个训练期看作一个系统,结合运用人体科学知识综合分析,可把体能训练分为总计划、学年计划、月计划、周计划、日计划。

(一)体能训练总计划

体能训练总计划也称体能训练全程计划,是对大学生在校期间的体能训练的总规划、总设计,是体能训练目标实现的预定方案,是学年计划、月计划、周计划、日计划制定的依据和总体部署,通常包含大学生体能训练总培养目标、大学阶段体能训练的内容、方式等等。

(二)体能训练学年计划

高校体能训练与其他学科教学安排相同,通常以年度作为院校教育过程的基本时间单位。学年训练计划,是对一年体能训练的目标、内容、形式等方面进行整体设计,是学年体能训练的纲领性规划,对完成体能训练的总计划及实现年度训练目标具有重要的意义。

(三)体能训练月计划

体能训练月计划是根据学生本月训练的目标、内容、任务而进行设计的训练方案和规划,在训练目标、内容上要明确,如柔韧、速度、耐力、力量等素质提高到多大程度或水平,减肥要达到什么效果等等。

(四)体能训练周计划

体能训练周计划是学生每周训练安排的方案。周训练计划在制定上,应以训练内容为核心采取多种形式合理安排,确保各项素质得到有效锻炼。

(五)体能训练日计划

体能训练日计划是上述所有训练计划得以实现的基础和前提,日计划分主要包括训练目标、训练方法、训练负荷、训练间歇等方面,日计划尽量考虑年龄、性别及身体机能状态,使得训练计划更具有普适性。

三、大学生体能训练计划设计策略

训练计划的设计主要包括训练目标、训练方式、负荷安排、注意问题四个方面。

(一)训练目标

训练目标是通过系统的体能训练使身体形态、机能、运动成绩及心理素质达到某一预定水平。体能训练总计划的目标要体现远期目标,通常可设定4个~6个目标,以体现人才培养的总目标;学年训练计划通常设定3个~5个目标,要注意不同目标间的联系和顺序安排,保证相当比例的学员能够达标;月训练计划要体现近期目标,应考虑训练的可行性及对远期目标实现的可能;周训练计划的目标与当月的体能训练计划目标一致,可根据一周内不同类型的训练设计分目标,如力量训练,第一次训练可安排股四头肌,第二次可安排胸大肌、第三次可安排腰腹肌。日训练计划要体现具体目标,例如当日力量训练的目标肌肉为股四头肌等等。[①]

(二)训练方式

训练方式指在训练过程中,为提高体能素质运用的方法、手段、途径。体能训练总计划在训练方式上重点对本专业学生体能训练的运动方法体系、手段体系、途径等进行整体性设计。学年计划在训练方式上通常根据对应的训练目标大致选择训练方法、手段和途径,但之前应根据学生的FMS测试水平为依据;月计划在健身方式的选取上要根据月训练目标及大学生的兴趣、特长和训练条件、环境等确定并及时进行调整;周计划在训练形式选择上应多种多样,避免单一,通过变换具体的训练方法,一方面能更好地达到健身训练效果,另一方面也能极大地提高学生的训练兴趣;日训练计划中要对整个训练所涉及的所有的训练方法、训练手段、训练途径进行详细的构思,与当日训练负荷要协调一致。

(三)负荷安排

体能训练总计划在负荷安排方面,要呈现出递增的发展趋势,并进行宏观的设计,以确保学生在身心等方面得到有效提升;学年计划中,训练负荷不必过于细致、精确,能够基本确定训练频率尚可,训练频率的设计要根据学生的体质情况来决定,通常每周锻炼3次以上效果较理想;月训练计划中要体现运动强度的递增态势,运动强度的设计是难点,选择适宜的训练计划是学生体能素质提升的保障及训练安全的重要前提。因此,应运用科学的方法来确定运动强度;周训练计划中对除了有明确的负荷强度、负荷量外,还应当包括训练的总时间,通常每周累计训练时间应在9小时~10小时左右,时间过短效果差,时间过长容易疲劳累积,甚至造成训练伤;日训练计划的训练负荷制定要针对该日的训练目标进行训练量、强度等方面的精细化设计,确保训练负荷与准备部分、基本部分和结束部分的生理变化相适应。

①杜雨,杨威,孙培全.大学生体能训练计划的设计探析[J].体育时空,2017,(3).

(四)注意问题

一是合理安排各项基础体能素质的均衡发展。在训练计划上要针对力量、速度、耐力、柔韧、灵敏素质在内容比例、时间分配等方面科学、合理设计,确保体能水平持续提升。

二是围绕项目技术进行专项体能计划设计,突出专项体能服务专项技术的重要作用。

三是训练计划要符合"初始负荷—不适应—适应—增加负荷—不适应—适应……"的规律,在训练初期、强化训练期、巩固提高期各阶段要注重强调运动量向强调运动强度的逐步转移,确保减少运动损伤的出现。

第四节 体育运动训练方法与实施

一、加强力量素质训练

力量素质是体能素质中非常重要的部分,它是增强青少年各项运动素质的重要基础,同时也是提升运动成绩的重要保障。通过负重训练与阻力训练能够很好地锻炼青少年的力量素质。在力量素质训练中,通常会出现肌肉增大现象,这是由于训练所造成的肌肉体积变大,尤其是在弹性力量与最大力量练习过程中,这一现象更加明显。除了肌肉增大,也会出现肌肉萎缩现象,也就是肌肉体积缩小,这主要是由于训练量不足或肌肉没有经过训练等原因造成的,通常出现在力量训练停止和肌肉受伤之后的恢复训练中。青少年力量素质的训练应根据实际情况,通过不同形式综合开展,以最大限度提升体质健康水平。[①]

二、加强速度素质训练

良好的速度素质能够使得青少年高效率地完成某项技术动作,因此,在进行训练时,应尽可能以最大速度来完成某项技术动作的练习。目前,我国学校主要采用以下几种方法来提升速度素质训练。

[①]孙晓川.青少年体能训练计划及其对体质健康的促进路径[J].拳击与格斗,2020,(12):90-91.

第一种方法,将学生分成两组,每名组员腰间系一根长长的布条,然后在松软的田间或者沙滩上进行长度为20米～30米的加速跑,在快速奔跑的过程中要确保布条不能触地。

第二种方法,采用"S"形跑、"8"字形跑和三角形跑,在奔跑的过程中,要求学生不能碰到标志物,经过一段时间的训练后,当学生熟练掌握游戏过程之后,可适当增加游戏难度,例如,持重物跑。

第三种方法,竹竿舞练习法。该练习法中,先将两根长竹竿按照一定距离平行放置在地面上,然后在两个竹竿上垂直等距离放置八根长竹竿,教师选出八名学生,分成两组,每组四人,两组组员分别在竹竿两边坐着或蹲着,然后根据教师的要求打相应的节奏,该练习法能有效发展学生速度素质。

三、加强耐力素质训练

通过有氧训练能有效增强呼吸系统机能,增强肌肉摄氧能力。对于需要长时间进行的体育项目,通常要求个体具有较高的有氧耐力。在对机体耐力素质进行训练时,应先注重有氧耐力训练,然后再加强无氧耐力训练。通过对青少年进行速度耐力训练,可使其在乳酸堆积的情况下仍能继续保持一定的速度进行运动,通过力量耐力训练,能使其在乳酸堆积的情况下还能够继续发力。

有氧耐力与无氧耐力都可以通过间歇性训练方法来进行,运用间歇性训练法来锻炼学生耐力素质,应注意对训练时间、训练强度、训练频率、恢复训练等变量的控制。

四、加强柔韧素质训练

柔韧素质训练是一个循序渐进的过程,加强柔韧素质训练,能够增加关节的运动幅度,这需要每天对该关节周围的肌肉进行牵拉训练,且要将其牵拉至超过正常伸展的范围。伸展牵拉练习法主要包括积极伸展牵拉和被动伸展牵拉两种。采用积极伸展牵拉练习时,学生应注意控制好自己的动作幅度,具体包括两种练习方法:一种是静止牵拉练习,另一种是动态牵拉练习。

被动伸展牵拉练习法是一种在极限位置进行的静止牵拉练习,该练习方法通常需要同伴协助进行,由同伴来对动作幅度进行控制。当学生将自己的肢体主动伸展到极限位置时,由同伴逐渐对其施加压力,此时被牵拉的学生应该放松并集中注意力,否则很容易出现损伤。

五、加强灵敏素质训练

奔跑、跳跃、投掷类体育活动中,往往需要一定的灵敏素质,当学生处于青少年阶段时,可以对其灵敏素质进行训练,特别是当女子在8岁~11岁、男子在8岁~13岁这一阶段中,其灵敏素质发展速度非常快。这一年龄段进行灵敏素质训练,能够为将来专业技术动作训练奠定良好的基础。青少年灵敏素质训练方法非常多,可以开展各种球类运动、舞蹈训练、体操运动等一些要求灵活及快速反应的体育项目。

第六章 体育运动拓展训练的应用探究

第一节 体育运动拓展训练的相关概念

一、拓展训练的起源

从我国的教育观点出发,拓展训练属于一种体验式教育,对于拓展训练的理解与中国的教育思想相关联,最早是我国刘力等人对体验式教育的命名。拓展训练在我国经历了几十年的发展,在这一过程中拓展训练还在不断延伸和扩展,本来是作为一种课程产品而存在,而现在真正变成了一种学习模式,也是教育理念当中的一个重要组成部分,得到了整个教育系统的肯定,同时也将拓展训练应用到更大的教育范围内,并逐步成为我国户外体验教育的核心内容。要对拓展训练的起源进行分析的话,可以说它的产生和 Outward Bound 教育模式有着十分紧密的关联,后者属于一种当时在欧美国家广泛推行的教育模式,在我们国家的港台地区设置了分支机构,但是并不被称作拓展训练,而是叫作外展训练。在外展训练的影响之下,逐步将其进行中国化的演变,最终出现了拓展训练。就课程模式而言,拓展训练同样从 Outward Bound 当中获得启发和借鉴,并将其中符合中国教育需求的内容作为发展拓展训练的动力,最终建立了 Project Adventure 教育模式。这一模式强调要积极营造自由和自然环境,以便能够有效减少实践活动的风险隐患,对经过精心设计的户外实践项目进行亲身体验,推动具有中国特色的体验式学习系统的构建以及发展。

拓展训练的产生和 Outward Bound 理念有着密不可分的关系,那么在追溯拓展训练起源以及深层次了解拓展训练的相关内容时还需要进一步加深对 Outward Bound 的认知以及熟悉度,了解其产生的经过以及在其影响之下形成的一系列教育思想与模式。在最早的阶段,只是将 Outward Bound 应用到当时的航海领域,在船正式驶离港口之前,需要发出这样的旗语来让船员了解到要立刻上船准备出发,那么它的表面意思就是出海的船。随着时间的推移以及概念的演变,现在,Outward Bound 现在可以被称之为学习方式的一种,在整个教育领域产生了巨大的反响,也使得越来越多的人来认可以及肯定这样的学习方式,在其中融入教育的内涵可以这样理解:在真正的风雨到来之前,船从安全港口处驶离,驶向远方的大海,在波涛翻滚的大海当中迎接挑战,并且发现新的机遇。二战时,德国舰艇攻击了行驶在大西洋当中的多艘船只,导致大量的船员掉入大海,大部分的船员没有幸免于难,在冰冷的海水中长眠,但是还是有少数船员在经过许多困难之后得以生还。通过对生还船员的实际情况进行了解和分析,事实显得令人吃惊,得以生还的船员往往年龄较大,身体也不是特别强壮。在进行深层次的专家调查工作后,最终综合总结和分析发现存下来的船员有着十分坚强的意志,而且他们的背后有着十分幸福的家庭,他们有着强烈的求生欲,对自己的家庭和家人也有着责任意识。通过对海员生存者进行研究,德国教育家将调查以及研究的结果应用到生存训练环节。

"我宁可将救生艇交给八九十岁的老船员,也不要把它交给采用现代培训方法训练出来的年轻船员。"这是船公司老板 Lawrence Holt 对这一事件的总结,他认为采用错误的培训方式训练船员,最终导致大量的船员无故丧生于大西洋。在他看来,坚持认定年轻船员没有过多的实践经验,没有有效掌握通过综合运用多种条件来摆脱现实困境的方法,也缺乏团结协作的意识,但是老船员则与之大大相反,他们饱经风霜,经过了苦难的洗礼,因此能够运用多种方法来摆脱困境,并且能够和同伴进行亲密无间的合作。由于错误的培训,在鱼雷击中的商船上,许多海员不必要地失去了生命。他坚持认为,和饱经风霜的老手不同,较年轻的海员没有经历过风雨,没有学会依靠自己的智慧摆脱困境,并且缺乏和同伴无私合作的信念。在 1938 年,原本属于德国国籍的教育家哈恩获得英国国籍,通过对多种教育实践和理论进行研究,他向英国战争委员会呼吁采用新型的训练方法来培训军队,这样的培训方法被叫作城郡徽章计划,这一计划已经上升到国家层面,其目的在于从根本上提升英国年轻一代的身心素质,使其能够具备强烈的事业心和坚韧不拔的意志。这样的计划一直在向前推进,但是并没有获得理想的进展,之后,哈恩和船长霍尔特就这件事情进行交流时,一直在思考船员伤亡惨重问题的霍尔特深有体会,二人一拍即合之后对这一计划进行进一步的拓展。之后哈恩和霍尔特将彼此的力量联结起来，共同建立新型学校，建立学校的目的是对年轻人展开为期一个月的训练，训练过程中的课程和城郡徽章计划内容一致，都是要使得年轻人能够从根本上转变生活和学习态度，培养坚韧不拔的毅力，不断提升其身心综合素质。1941年这所新型学校在阿伯德威正式成立，并且被命名为Outward Bound学校。它是OB课程模式和OB组织的开端。这所学校不仅有年轻的船员，还有着来自社会各个领域的学员。针对这一问题，霍尔特说："学校展开的各项训练需要这些学员能够真正在海上经历磨难，而不是怀着一种观光的态度参与，同时需要真正地造福整个社会。"

Outward Bound学校从创业一直到发展经历了重重磨难，但是最终逐步成长和发展起来，也吸引了大量的年轻人来到这里。这些年轻人在听到要在一个月之内实现的多种目标之后都纷纷表示怀疑，甚至认为这样的目标显得十分荒唐，但是不久这些年轻人感受到了难题的魅力，并且为此乐此不疲。这属于哈恩另类定义的内容，这些年轻人如果真正战胜了失败主义，敢于大胆地迎接接下来的困难，那么他们就拥有了战胜更大困境的心理准备。这所学校的一位老师这样说："这些年轻人来到这里的初衷和目的往往是错误的，但是在经过了学校的重重训练也就是正确教导之后，他们会舍不得离开。"

1946年，Outward Bound基金会在英国成立。成立信托基金会的目的在于对OB理念进行大范围的推广，并且运用这样的方式来筹集创建新学校的资金。OB基金会本身具有OB商标使用权以及商标使用许可证发放的权力。美国人乔什·曼纳深深受到哈恩教育理念的启发，并且对其产生强烈的认同感，同时也深刻地意识到，在美国地区同样需要建立这样的学校。1962年，在乔什·曼纳等不懈努力之下学校成立，并在发展一年之后获得基金会的商标使用许可证。在接下来的很多年间，世界上的很多地方都建立起OB学校，并在学校的发展和运营当中全面贯彻落实OB教育理念，最终OB国际组织如火如荼地建立和发展起来，并选择将办公地点放在美国的德雷伯市。

OB真正在世界范围内得到广泛实践应用和欢迎之后，逐步受到了整个教育领域的关注，大量教育系统当中的人员以及学生积极主动地参与到这样的体验活动当中，在这之后主流的教育学校开始和OBS展开了多个领域的合作事宜,也在一些普通学校当中设置分支部门,被称作学校中的学校。大量的教育教学研究者给予Outward Bound越来越多的关注,并对其展开深层次的研究,使得Outward Bound理论系统变得越来越丰富,整体的课程系统的完善化程度逐步增强,充分践行体验式学习模式,实现了跨领域以及跨学科整合和应用,取得的效果也是十分显著和可观的。在深层次的对Outward Bound进行探究以及实践应用之后,将其作为根本基础的衍生课程出现,并且获得了肯定,如PA、PBL等,这些衍生课程不仅仅得到了普遍欢迎和肯定,也获得了很多教育机构的支持,在教育实践当中,有了大范围的推广应用,并进行了相应的理论建设和研究,出现了大量的专著和论文,为这些教育课程理论体系的完善给予了巨大的支持。在一系列的工作当中尤为关键的是Outward Bound推动户外体验教育的兴起,并且在它的影响之下,我国逐步确立起体验式教育,同时也成为拓展训练的起源。

二、拓展训练的概念

通过对大量国外相关课程以及课程观念的分析和研究,并受到这些研究成果的影响,我国的拓展训练模式已形成,并逐步建立起系统化的体验学习模式。拓展训练的内涵十分丰富,一方面可以将其作为一种课程模式的代表,另一方面拓展训练也有着培训风向标的巨大效用。然而,“拓展训练”与Outward Bound在主旨上还是有一些差别。有人提出可以将拓展训练命名为户外体验式培训,这样做的目的是能够更加清楚明了地对课程特征进行展示,但是我们不难发现,户外体验式培训内涵的深刻程度远远不及拓展训练。如果从实质层面进行分析的话,拓展训练不会对OB产生不良影响,而且拓展训练在解释内容方面无法做到十分直观,但是却能够真正体现出名称内涵,如果能够对拓展训练进行深入的研究开发,并在实践当中进行检验,一定能够更好地对课程进行代表。通过对当前国内拓展训练的内容进行分析和研究,能够发现,在很多情况下都是将模拟情境的场地培训作为主要内容,以便能够降低培训的风险,这样的培训模式会更加和PA类似,和原本意义的OB还是有着较大差异的。造成这一问题的原因是,我国当前的拓展训练选用的活动场地往往是郊野地区,需要有效借助野外的环境来设置好相关的训练项目,那么这样的拓展训练活动就会有着野外实践的特点,同时需要依照场地活动特征来进行课程实践。如果是这样的话,可以保留现在特征,将其命名为拓展训练,在此基础上进行课程的推进发展,使得课程系统更加完善,学科安排更加合理。和拓展训练紧密相联系的学习实践以及教育理念处在不断的发展变化当中,整体的创新力度较强,最终导致很多情况下不能够十分清晰地对这些内容的关系进行分辨。如果要对这些内容的关系进行整理的话,它们之间有着紧密的联系,又有着极大的差异。对这些理念以及学习展开简单的区分在提升拓展训练的整体效果时有着一定作用,同时还能够为拓展训练计划以及监控工作提供指导。下面我们来简单介绍一下几个常见的相关概念。

(一)户外培训

户外培训将培训实践活动安排在户外环境下,它的特点是培训场地在户外,而不是在教室里。主要包括两种类型:第一种类型属于探险训练,从整体上有着较高的风险度,必须做好风险管理工作。第二种类型属于户外学习,风险程度处于中低水平。探险训练的核心思想是个体的性格和人格可以通过各种挑战和不熟悉的经历得到培养。参加探险性训练的人在陌生环境中相互间学到了很多知识。谁谨慎谁鲁莽,谁不爱冒险,谁爱冒险,谁面对压力兴奋,谁面对压力冷静镇定,谁更坚定,许多积极和消极的性格特征都在挑战的探险性训练中暴露无遗,同时探险性训练也是团队建设重要的途径。户外训练活动的组织要借助专业机构进行,其主要内容是对居住在城市当中的人进行野外生存训练,使得他们能够学习到野外生存的相关常识,但是他们要想从中学习、掌握真正的户外生存内容又是不能实现的。户外训练更多地侧重于利用野外较为残酷的生存环境来对人们的麻木精神进行刺激,使得他们能够主动地展开团队协作,感受到如今生活的来之不易,引导其树立珍惜意识,提高团队协作能力,让人更加珍惜现在的生活。其风险较小,有各种形式的内容。

(二)体验式培训

在体验式培训当中,参与者要积极踊跃地加入到各项活动当中,直接性地获得认知,在专业教师引导以及团队成员互帮互助、和谐沟通的条件支持之下顺利地完成培训,简而言之,体验式培训起源于活动参与,是一种先行后知的培训方法。

如果对体验式培训进行全面总结归纳的话,这是一种从学习模式过渡和进入培训模式的行为,用一种先行后知的方法对学习者进行知识的磨炼,提升其实践和参与能力,丰富学习体验。

(三)体验式学习

大量有着深刻内涵的教育哲学内容构成了体验式学习的基础,这也使得体验式学习有着十分丰富的教育哲理。大量优秀的教育学家通过将大量的学习理论进行总结归纳,逐步提出体验学习圈的理论知识,之后又将认知发展的相关理论和心理学以及其他教育学进行有机整合和相互推进,逐步建立起初步的体验式学习框架,奠定了这一理论的基础。之后出现的体验学习密码锁可以作为对体验式学习以及课程进行深层次了解以及认知的有力工具。如果从课程实施的方面分析的话,体验式学习鼓励个人积极主动地参与到人际实践活动当中,并在参与之下丰富个人经验,接下来在教师的指导下,在与其他成员进行互动交流的情况下进行对比、反省,在双向互动以及成员沟通当中来收获态度、信念等宝贵经验和知识,最终可以将其应用到具体问题的分析和解决当中,以实现一定的目标,取得良好的学习效果。

(四)行动式学习

行动式学习是英国著名教授瑞格·瑞文斯开创的一种在当时有着极大影响力的学习模式,有助于对管理者的能力进行锻炼,不断提升其整体的管理水平,进一步优化公司结构,推动公司的持续性发展。在行动式学习产生之后,其影响范围以及应用范围都在逐步推广,无论是一些管理机构还是公司都将其应用到实际管理工作当中,为机构以及公司整体管理水平的提高注入了活力。在行动式学习模式当中,每一位学员都需要踊跃参加到问题处理当中,而这些问题有着真实性的特征,而且往往是生活当中非常紧急的内容、复杂的事件才能提升学员的实际问题处理能力,与此同时,借助提问以及反思式学习方法来增强彼此之间的学习互动,使得学员能够对自身的行为表现进行有效调整,提升管理能力。潜在领导人员在行动式学习之后可以在处理高层次工作时得心应手,对于学员本身,乃至整个团队都有着有效的促进作用。

（五）管理培训游戏

管理培训游戏是一种融合管理理念的游戏训练活动,在这一过程中限制了工作的具体情景,也对整体的时空进行了限定,能够实现寓教于乐的目的。管理游戏活动在具体的实施过程中会模拟一定的内容以及情景,具有明显的真实性特征,能够帮助成员深刻体验以及领悟其中的道理,整个活动有着良性竞争的乐趣。

（六）户外极限运动

人类生存和发展的过程实际上是逐步与自然进行融合的过程,在整个环节当中利用现代的技术手段,充分挖掘个人的身心潜力,大胆地挑战自身极限的项目被称为户外极限运动,具有娱乐性和体育性兼具的特点。

（七）PA

PA 是 Project Adventure,也就是主题是冒险的简称,是美国人 Jerry Pieh 创立而成,属于一种创新型的课程模式,又是一种有效的教育理念,在整个教育领域有着一定的影响力。在 1971 年,这一教育方案得到认可和确立并成为全美国地区中等学校的一项重要教育课程,后来又逐渐介入了企业管理领域,在企业管理环节发挥作用。为了更加有效地提供教育服务,PA 教育组织诞生,而这一组织属于一种非营利性的国际组织。[①]

PA 可以说是把常规的学校教育和 OB 进行有效结合的一种产物,将户外冒险活动进行一定的调整,变成借助一定教学工具可以在有限的学校范围内进行活动,而这一课程的冒险程度有着不同城市的划分,更多地应用于心理治疗的领域。在具体的实施过程中,会用游戏教案来指导学员进行学习,并对他们的冒险精神进行唤醒以及有效激发,为我国的户外场地拓展训练提供了有效借鉴。

（八）历奇为本辅导

历奇为本辅导的英文全称是 Adventure Based Counseling(简称 ABC),由美国的卡尔朗基创立,整个的学习模式是借助一种较为陌生新颖以及冒险性的情景任务来丰富学生的学习体验,在此基础之上来锻炼学生,对学生的人格进行培养,健全学生的身心质。值得一提的是卡尔朗基

---

① 刘志国. 拓展训练的基础理论和实践[M]. 长春:东北师范大学出版社,2018.

是美国著名的体验教育之父,他也在PA构建当中起着关键性作用,而提出这样的学习模式是将外展训练作为基础,结合实际需要进行创新发展完成。

(九)以问题为本的学习

以问题为本的学习是哈佛大学医学院首创的一种模式,其理论很大限度上来自外展训练,在创立之初主要是为了解决哈佛大学医学院教学环节中课程教学和学生就业实践存在的明显脱节问题,也就是真实的就业情景以及在这一过程中的大量复杂问题无法通过教学来为学生提供指导,在提出以问题为本的学习模式后,能够进一步纠正实际和教学脱节的问题,使得学生能够在学习当中真实性地体验实际问题,提高对实际问题的解决能力。

(十)EL外展训练

EL(Expeditionan Learning)外展训练实际上是对外展训练进行创新调整和改革而形成的一种课程模式,其根本目的在于使得外展训练能够在时间流逝当中经受住层层考验,也就是具有长久的生命力。这样的课程模式牢牢把握住基本探索学习概念,侧重于对学生的知识进行考查,而且这样的考查是一项长期性和系统性的工程,使得学生的勇气值以及聪明才智得到最大化的发挥。

第二节 体育运动拓展训练的应用探究

拓展训练属于团队协作开展的训练活动,能更好地在拓展训练中促进学生学习兴趣的激发,引导学生树立终身学习的理念。将其与高职体育教学中有机结合,以培养职业化和专业化的应用型人才为根本目的,培养学生养成敢于挑战、吃苦耐劳和团结协作的良好精神品质。这主要得益于拓展训练具有较强的操作性和挑战性以及合作性,因此,需要我们在实践中切实注重教学现状的总结,明确应用的思路,才能更好地实现教学成效的最优化。

一、高职体育教学现状分析

（一）体育教学内容有待拓展

目前，在高职院校体育教学中，在教学内容方面还存在单一化的问题，很多体育教师为了方便教学，教学内容往往还是一些传统的体育项目，这些项目也不受天气、空间的影响，深受老师的青睐，但对于学生来说，这些项目缺乏趣味性，调动不了学生参加体育课的积极性，达不到预期的体育教学效果。学生对上体育课也是敷衍了事，难以主动积极地参与体育运动，难以激发学生的体育学习兴趣，尤其是很多时候的教学内容具有较强的单一性和机械性，与学生的实际需求存在较大的差距，阻碍了高职体育教学的发展。

（二）体育学习不受学生的重视

很多高职的学生错误地认为，来高职是学习专业技术的，对体育学习抱着无所谓的态度，学与不学都无关紧要，影响不到专业技能的成绩，甚至有的学生会以为学习体育就是在浪费自己的时间，还不如把精力放在专业技能的学习上，提不起对体育学习的兴趣，忽视了对体育的学习。这也是当前高职学生的普遍心理。

（三）没有把教学内容和职业教育联系起来

当下高职体育教学的内容没有和学生的职业教育内容进行有机的结合，更多的是单纯地完成体育知识的学习，而且很多时候采用的内容都是一些传统的项目，根本提不起高职学生的学习兴趣。这主要是因为高职教育的特点没有得到重视，忽视了学生职业能力和职业精神与学习内容的结合，所以需要引起我们的重视。

二、高职体育教学中加强拓展训练的基本思路探究

（一）注重教学资源挖掘，激发学生学习兴趣

在高职体育教育教学工作中，因为拓展训练的实施具有较强的协作性，在实施过程中所需的课程资源较多，所以为促进拓展训练与教学的实施，并将提升学生的职业能力和就业能力为导向，科学地选取拓展训练的项目，并为之提供相应教学资源，才能更好地促进拓展训练的实施。比如，为了培养学生的团结协作精神，在实施排球教学拓展训练时，需要为

排球教学的实施做好场地准备。例如,有的学生体质较为肥胖,对排球运动的兴趣不高,教师可以在排球场地资源方面做好准备,并将喜欢参与排球运动的学生请出来,与大家交流排球运动的乐趣。教师也可以讲解排球运动在提升体质中的作用,尤其是对减肥方面的效果,这样才能更好地激发学生参与兴趣,加上为学生准备好上排球课所需的设施,强化对其的资金投入,加强规范排球场地的建设,能更好地促进拓展训练在高职体育教学中的实施。①

(二)营造良好训练氛围,提升学生职业能力

高职体育教学工作的开展,不仅要切实注重学生体育锻炼意识和技能的掌握,而且还要不断提升学生的职业能力,尤其是针对学生体质不好的情况下,通过实施拓展训练来提升职业能力是一种不错的选择。但是必须要致力于良好教学氛围的营造,这样才能更好地与学生的职业特点相符。例如,为了增强学生在今后工作中的耐力,养成良好的体育锻炼习惯,可以为学生开展散打拓展训练。在具体实施前,教师需要就学生对武术散打的认识进行调研,并对其进行分析,从而为营造训练氛围奠定基础。比如某教师随机对18名高职生对武术散打的了解情况进行了调研,得出的结果详见表6-1。从表6-1可以看出,通过武打影视作品对武术散打了解的学生有4名,占22.22%;通过散打比赛对武术散打了解的学生有10名,占55.55%;通过武术散打书籍对武术散打了解的学生有2名,占11.11%;通过其他方面对武术散打了解的学生有2名,占11.11%。这意味着很多学生都是通过观看武打影视作品和散打比赛来了解武术散打的,而采取阅读书籍的方式则较少。

表6-1 某高职院校18名高职生对武术散打的了解现状调研统计表[n(%)]

了解方式	人数与占比	了解程度	人数占比
武打影视作品	4(22.22%)	非常了解	2(11.11%)
散打比赛	10(55.55%)	基本了解	8(44.44%)
武术散打书籍	2(11.11%)	一般	6(33.33%)
其他	2(11.11%)	不了解	2(11.11%)

①高振峰.拓展训练在体育教学中的应用探究[J].科技资讯,2020,18,(24):120-122.

（三）优化课程设置，促进教育目标的实现

为实现高职体育教育目标，加强拓展训练的实施，需要我们紧密结合学生所在的专业，采取针对性的措施，尤其是要结合未来学生所从事工作在身体素质等方面的要求，在设置课程内容时，要尽可能地确保其合理性、灵活性和科学性。在拓展训练中，要将身体素质不同的学生组成一个小组，采取互帮互助的方式进行训练，从而通过团队合作强化学生的团结协作能力。同时还能在娱乐性和竞技性的拓展训练中将学生的心理素质提升，树立科学正确的学习态度，促进教育目标的有效实现。

（四）致力于教学方式的创新

为促进拓展训练的实施，需要我们在教学中紧密结合实际需要，加强教学方式的创新，而且还要结合学生的实际和兴趣点来进行。比如，在2020年新型冠状病毒肺炎疫情期间，教师可以采取网课教学的方式，引导学生参与到拓展训练中，并且在拓展训练中可以与家人一起，制订拓展训练计划，撰写拓展训练心得，并为学生设置相应的训练任务，将任务完成的情况用小视频的方式，将每次完成的情况上报给老师。但是在所选的拓展训练项目中，要具有多样性，学生可以结合自身的实际来选择，最后对学生的学习动机进行调研，掌握学生的学习心态，同时也能对线上教学方式的成效进行检验，也为自身教学方式的改进和优化奠定基础。

三、拓展训练在体育教学中的应用措施

（一）结合学生的个性特征，科学地设置拓展内容

高职生身体正处于发育阶段，一般精力都比较充沛，学习压力也不是太大，可以承受一定的运动拓展训练。但是受传统体育教学的影响，很多学生提不起对体育学习的兴趣，使高职的体育教学效果不佳。将拓展训练引入高职体育教学中，可以提高学生的兴趣，教师结合学生的个性特点，设置各种符合学生心理的拓展内容，促使学生积极主动地参加到拓展训练中去。例如，教师可以设置内容为协调合作、齐心协作的拓展训练课程。像"信任人椅"的拓展训练项目，教师可以把学生分为两队，每个队取个自己的队名、口号然后进行拓展比赛，每队围成一个圈，前面队员坐在后面队员的大腿上，然后按照教师的指令，完成任务，在规定的时间内，看哪队完成的任务多就为获胜者，通过这个拓展训练，可以培养学生之间的

协调合作能力,让他们明白只有通过相互扶持才能达到最终的目标。

(二)因地制宜,保证拓展训练的可操作性

为了提升高职体育教学的效果,教师要注重因地制宜地开展体育活动,保证拓展训练的可操作性,要根据训练内容、环境、学生人数合理选择训练项目,开展拓展训练前,检查道具是否齐全、安全,以保障拓展训练的有效性。例如,教师组织学生参与"蛟龙出海"的拓展游戏,把学生相邻的脚绑在一起,然后一起前进,教师充当裁判员,学生听教师的指令,教师说前进,学生一起前进,教师说停,所以学生就得停下来,还需要保持整个队伍的平衡,不然就容易摔跤。然后教师可以对表现好的学生给予一定的奖励,对表现差的给予一定的惩罚,惩罚内容由学生自己规定。这种拓展训练简单有趣,对道具的要求也不高,还能调动学生的积极性,增加学生之间的友谊,提高体育教学的效果。

(三)采用分组竞赛制,培养学生团队合作意识

在高职体育教学中引入拓展训练,在完成体育教学目标的同时,还可以提高学生的团队合作意识,使学生积极主动地参与到拓展训练中,全面提高学生的综合素质。例如,教师可以组织学生进行跑步接力赛的拓展训练,教师可以要求学生自由组队,每4人为一组,开展接力比赛。学生站在不同的起点上,第一个学生把接力棒传给第二个学生,然后依次传,看哪组用时最短,用时最短组为胜。通过接力赛的游戏,不仅锻炼了学生的体能,还培养了学生的团队协调意识,增强了班级凝聚力与向心力,使体育教学取得事半功倍的效果。

综上所述,拓展训练对于高职生体质的提升和优化有着十分重要的作用。拓展训练在体育教学中的应用,需要我们切实以学生的兴趣为导向,致力于学生学习兴趣的激发,并将其与学生的职业能力培养进行有机结合,尤其是要结合学生的实际来针对性地确定拓展训练的内容,以更好地促进学生参与到拓展训练之中,在促进学生身体素质提升的同时,培养学生养成良好的体育锻炼习惯,树立良好的学习态度,通过不懈努力,在促进学生体育核心素养培养的同时,还能达到良好的学习效果。

第三节 体育运动拓展训练的应用结果分析

一、体育拓展课程对学生心理素质的影响分析

(一)实验前期学生SCL-90量表测试结果

1.男生SCL-90量表测试结果

表6-2　实验前期各组SCL-90量表各因子得分对比统计表(男生,N=108)单位:分

	对照组 (M±SD)	实验一组 (M±SD)	实验二组 (M±SD)	F值	P值
躯体化	22.55±2.94	22.65±2.76	22.19±3.17	- 5.525	0.669
强迫症状	19.82±2.39	19.61±2.73	18.79±2.66	2.239	0.133
人际关系	18.47±1.87	17.85±2.40	18.22±2.07	1.609	0.290
抑郁	25.96±3.13	25.30±3.72	26.24±2.89	- 1.972	0.246
焦虑	23.41±2.77	23.16±2.65	22.73±3.14	3.361	0.321
敌对	17.12±1.72	17.28±1.61	17.06±1.55	- 2.105	0.574
恐怖	16.45±2.71	15.87±2.34	15.96±2.11	- 4.811	0.445
偏执	16.57±2.03	16.63±3.26	16.24±2.74	- 1.518	0.464
精神病性	20.80±2.38	20.65±3.15	21.16±3.24	4.087	0.382
其他	14.60±1.99	15.45±2.08	15.09±2.21	1.658	0.140

注:P>0.05表示不具有显著性差异;★P≤0.05表示具有显著性差异;★★P<0.01表示具有高度显著性差异。

表6-2数据结果显示,实验前期各组男生在躯体化、强迫症状、人际关系、抑郁、焦虑、敌对、恐怖、偏执、精神病性及其他10个因子中,均未出现显著性差异(P>0.05),各因子得分没有出现异常分数的情况,说明各组男生心理健康水平较为均衡,有助于本实验的进行。[1]

2.女生SCL-90量表测试结果

表6-3　实验前期各组SCL-90量表各因子得分对比统计表(女生,N=108)单位:分

	对照组 (M±SD)	实验一组 (M±SD)	实验二组 (M±SD)	F值	P值
躯体化	24.34±3.21	24.62±2.54	24.35±3.39	3.487	0.145

[1]姜宽.关于高校体育教育开设拓展训练课程的研究分析[J].中国新通信,2020,22,(15):183.

续表

强迫症状	22.47±2.76	22.25±2.31	21.76±2.58	4.025	0.140
人际关系	20.45±1.88	20.77±1.48	20.42±1.57	2.748	0.321
抑郁	28.88±2.35	28.33±3.52	28.46±2.87	3.669	0.196
焦虑	21.28±1.57	22.08±2.19	21.78±1.26	2.874	0.178
敌对	15.73±1.24	16.31±2.78	16.25±1.47	−2.647	0.524
恐怖	16.12±1.63	15.78±1.31	15.99±2.80	−3.148	0.412
偏执	14.27±1.19	15.31±2.85	15.17±1.31	−4.258	0.358
精神病性	21.17±1.94	20.95±2.24	21.60±2.68	4.003	0.441
其他	15.19±1.26	15.34±1.92	14.92±1.31	3.842	0.198

注：P＞0.05表示不具有显著性差异；★P≤0.05表示具有显著性差异；★★P＜0.01表示具有高度显著性差异。

表6-3数据结果显示，实验前期各组女生在躯体化、强迫症状、人际关系、抑郁、焦虑、敌对、恐怖、偏执、精神病性及其他10个因子中，均未出现显著性差异(P＞0.05)，各因子得分没有出现异常分数的情况，说明各组女生心理健康水平较为均衡，有助于本实验的进行。

（二）实验中期学生SCL-90量表测试结果

1.男生SCL-90量表测试结果

表6-4　实验中期各组SCL-90量表各因子得分对比统计表（男生，N=108)单位:分

	对照组 （M±SD）	实验一组 （M±SD）	实验二组 （M±SD）	F值	P值
躯体化	22.19±3.51	21.05±2.46	21.21±2.73	1.299	0.643
强迫症状	19.58±2.43	17.95±3.08	18.67±2.71	−3.374	0.040★
人际关系	18.21±2.70	16.90±2.47	17.70±2.14	1.554	0.039★
抑郁	25.34±2.92	23.67±3.11	25.10±3.42	−2.139	0.046★
焦虑	22.54±2.88	21.46±2.73	21.84±3.68	2.817	0.319
敌对	16.95±2.17	15.34±2.59	16.27±2.56	1.919	0.451
恐怖	15.71±2.54	14.49±2.48	14.68±3.01	−3.808	0.185
偏执	15.22±2.52	13.59±1.92	14.34±1.99	−2.114	0.035★
精神病性	20.52±2.74	19.26±2.45	19.33±2.96	2.863	0.297
其他	14.37±2.67	14.35±2.03	14.68±2.36	2.755	0.912

注：P＞0.05表示不具有显著性差异；★P≤0.05表示具有显著性差异；★★P＜0.01表示具有高度显著性差异。

进一步了解实施体育拓展训练男生心理健康变化情况，表6-4数据结果显示，实验中期各组男生的躯体化、强迫症状、人际关系、抑郁、焦虑、敌对、恐怖、偏执、精神病性及其他10个因子测试结果均存在不同程度的差

异,各因子得分没有出现异常分数的情况,其中在强迫症状、人际关系、抑郁、偏执四个因子上各组男生存在显著性差异,而在躯体化、焦虑、敌对、恐怖、精神病性及其他六个因子上各组男生不具有显著的差异。

2.女生SCL-90量表测试结果

表6-5　实验中期各组SCL-90量表各因子得分对比统计表(女生,N=108)单位:

	对照组 (M±SD)	实验一组 (M±SD)	实验二组 (M±SD)	F值	P值
躯体化	24.04±3.15	21.05±3.30	22.02±2.24	4.141	0.041★
强迫症状	21.28±2.76	19.47±2.58	20.18±2.31	3.587	0.222
人际关系	19.25±1.90	17.25±1.49	18.14±1.69	3.014	0.174
抑郁	27.14±2.18	24.85±2.17	25.47±3.08	−2.687	0.038★
焦虑	20.48±1.60	18.74±1.39	19.54±2.11	3.0144	0.043★
敌对	13.85±1.47	12.02±1.49	12.14±2.61	2.474	0.234
恐怖	15.05±1.37	13.17±2.54	14.58±1.29	−3.014	0.310
偏执	13.31±1.22	11.58±1.28	12.51±2.47	−2.448	0.182
精神病性	20.47±1.74	19.47±2.55	20.14±2.31	3.148	0.310
其他	15.01±1.30	13.68±1.41	14.25±2.01	−2.145	0.247

注:P > 0.05表示不具有显著性差异;★P≤0.05表示具有显著性差异;★★P < 0.01表示具有高度显著性差异。

进一步了解实施体育拓展训练女生心理健康变化情况,表6-5数据结果显示,实验中期各组女生的躯体化、强迫症状、人际关系、抑郁、焦虑、敌对、恐怖、偏执、精神病性及其他10个因子测试结果均存在不同程度的差异,各因子得分没有出现异常分数的情况,其中在躯体化、抑郁、焦虑三个因子上各组女生存在显著性差异,而在强迫症状、人际关系、敌对、恐怖、偏执、精神病性及其他七个因子上各组女生不具有显著的差异。

(三)实验后期学SCL-90量表测试结果

1.男生SCL-90量表测试结果

表6-6　实验后期各组SCL-90量表各因子得分对比统计表(男生,N=108)单位:分

	对照组 (M±SD)	实验一组 (M±SD)	实验二组 (M±SD)	F值	P值
躯体化	20.22±2.78	16.73±2.85	17.26±2.16	1.895	0.016★
强迫症状	16.85±2.64	15.51±2.42	15.73±2.35	1.499	0.047★
人际关系	14.43±2.11	12.91±1.71	13.50±2.12	−2.471	0.020★
抑郁	20.37±2.92	18.52±2.43	18.58±2.22	−3.375	0.029★

焦虑	19.33±2.65	16.71±2.70	17.17±2.30	1.988	0.023★
敌对	13.56±1.94	11.96±1.89	12.18±2.26	2.178	0.032★
恐怖	13.74±2.58	11.36±2.28	11.89±1.66	−1.777	0.031★
偏执	14.42±1.97	10.72±1.46	11.21±2.19	2.165	0.032★
精神病性	17.26±2.21	16.28±2.17	16.49±2.31	1.274	0.045★
其他	12.79±1.42	10.22±2.51	10.86±1.92	−4.466	0.036★

注：$P > 0.05$ 表示不具有显著性差异；★$P \leqslant 0.05$ 表示具有显著性差异；★★$P < 0.01$ 表示具有高度显著性差异。

本文在实施实验之后再次对各组男生的心理健康进行测试,表6-6数据结果显示,实验后期各组男生的心理健康测试结果均存在显著性差异,P值均小于0.05。实验后期男生各因子得分没有出现异常分数的情况,可见在实验后期,各组男生在躯体化、强迫症状、人际关系、抑郁、焦虑、敌对、恐怖、偏执、精神病性及其他10个因子上均存在显著性差异。

2. 女生SCL-90量表测试结果

表6-7实验后期各组SCL-90量表各因子得分对比统计表（女生,N=108）单位:分

	对照组 （M±SD）	实验一组 （M±SD）	实验二组 （M±SD）	F值	P值
躯体化	22.34±3.21	18.73±2.46	21.19±3.30	4.268	0.048★
强迫症状	16.47±2.76	16.57±2.68	16.47±1.98	2.798	0.040★
人际关系	15.45±1.88	13.27±2.19	14.42±1.59	−5.191	0.043★
抑郁	21.88±2.35	22.19±3.28	21.31±3.39	−3.460	0.041★
焦虑	17.28±1.57	15.84±2.25	16.35±2.68	−7.646	0.041★
敌对	10.73±1.24	10.03±1.88	10.34±1.56	3.418	0.014★
恐怖	11.12±1.63	11.79±1.57	11.37±1.79	−2.523	0.017★
偏执	9.27±1.19	8.13±1.77	9.37±1.59	1.438	0.049★
精神病性	17.17±1.94	17.15±2.19	17.23±2.17	−4.871	0.037★
其他	12.34±3.21	10.23±1.34	10.28±1.81	4.652	0.027★

注：$P > 0.05$ 表示不具有显著性差异；★$P \leqslant 0.05$ 表示具有显著性差异；★★$P < 0.01$ 表示具有高度显著性差异。

本文在实施实验之后再次对各组女生的心理健康进行测试,表6-7数据结果显示,实验后期各组女生的心理健康测试结果均存在显著性差异,P值均小于0.05。实验后期女生各因子得分没有出现异常分数的情况,可见在实验后期,各组女生在躯体化、强迫症状、人际关系、抑郁、焦虑、敌对、恐怖、偏执、精神病性及其他10个因子上均存在显著性差异。

综上所述,通过实验前期、中期和后期对三组学生的心理健康测试结果进行分析发现,实验前期三组学生的心理健康水平没有显著差异性,心理健康测试结果基本处于同一水平;实验中期,三组学生的心理健康具有不同程度的差异,不同性别学生的心理健康差异不同,结合数据结果来看,实验一组的测试结果相对较好,其次是实验二组;实验后期,三组学生的心理健康10个因子均具有显著差异性,其中实验一组学生的心理健康水平更为优异,其次是实验二组。由此能够表明,拓展训练课程和传统课程相结合的教学方式对大学生心理健康有着非常明显的影响,显著提高了大学生的心理健康水平,其次是拓展训练课程,在一定程度上提高了大学生的心理健康水平,传统课程对大学生的心理健康影响并不大。

二、体育拓展课程对学生身体形态的影响分析

(一)对学生BMI指数的影响分析

1.男生BMI变化情况分析

表6-8　各组BMI指数变化情况统计表(男生,M±SD)单位:千克/米

	N	实验前期	实验中期	实验后期
对照组	36	21.3±3.15	21.1±3.17	20.7±2.79
实验一组	36	22.1±4.15	21.4±3.53	20.4±2.90※
实验二组	36	21.3±3.36	20.7±2.91	19.3±2.47※

※:表示实验后期与实验前期比较有显著性差异(P < 0.05)

通过实验前三组男生身高体重指数进行单因素方差分析发现,三组男生BMI前期测试结果不存在显著性的差异($F(2)=0.532$,$P=0.589 > 0.05$),均处于同一水平,这说明在实验前,三组男生的身高体重指数满足实验要求,能够保障实验结果的真实性。通过实验中期BMI第二次测试成绩没有显著性的差异($F(2)=0.487$,$P=0.616 > 0.05$)这说明在经过短时间的体育教学后,三组男生的身高指数不存在明显的差距。

通过对实验后期三组男生BMI测试结果进行单因素方差分析发现,三组男生身高体重指数的第三次测试成绩没有显著性的差异($F(2)=2.424$,$P=0.094 > 0.05$),三组男生的测试结果在同一水平。

运用配对样本T检验对各组男生实验后期与实验前期的BMI指数平均值进行显著性检验,结果发现:对照组实验前后BMI指数变化没有显著

性(t=1.919,P=0.063);实验一组实验前后BMI指数变化有显著性(t=7.474,P=0.000);实验二组实验前后BMI指数变化有显著性(t=9.997,P=0.000)。

使用了一般线性模型重复测量方差分析,并结合Greenhouse-Geisser修正值,对于三组实验对象在三个不同时间的BMI指数测量结果是否存在显著性差异进行了检验。结果表明:三组男生在三个时间点的BMI指数存在显著性差异,$F(1.301, 136.559)$=79.007,$P < 0.05$,偏Eta方 = 0.429。对于BMI均值的进一步分析表明三组男生在参加体育课的干预后,BMI指数均呈下降趋势。从实验分组和测试时间的交互作用对BMI指数测量结果也存在显著性差异,$F(2.601, 136.559) = 6.804$,$P < 0.05$,偏Eta方 = 0.115。

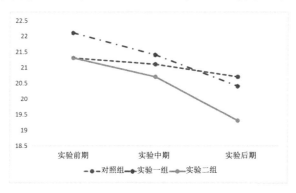

图6-1 实验前、中、后男生BMI指数均值变化趋势图

从图6-1可知,相较于对照组来说,实验一组(传统体育教学±体育拓展训练)与实验二组(体育拓展训练)男生身高体重指数的变化趋势较为明显,这说明在传统教学的基础上融入体育拓展训练能够在一定程度上改善男生的身高体重指数。

2.女生BMI变化情况分析

表6-9 BMI指数变化情况统计表(女生,M±SD)单位:千克/米

	N	实验前期	实验中期	实验后期
对照组	36	19.2±2.10	18.9±2.01	18.2±1.51※
实验一组	36	19.6±2.45	18.8±2.00	18.0±1.61※
实验二组	36	19.8±1.43	19.0±1.33	18.1±1.17※

※:表示实验后期与实验前期比较有显著性差异($P < 0.05$)

通过实验前三组女生身高体重指数进行单因素方差分析发现,三组女生BMI前期测试结果不存在显著性的差异($F(2)$=0.649,P=0.525 > 0.05),

均处于同一水平,这说明在实验前,三组女生的身高体重指数满足实验要求,能够保障实验结果的真实性。

通过实验中期BMI第二次测试成绩没有显著性的差异(F(2)=0.178,P=0.837 > 0.05)这说明在经过短时间的体育教学后,三组女生的身高指数不存在明显的差距。通过对实验后期三组女生BMI测试结果进行单因素方差分析发现,三组女生身高体重指数的第三次测试成绩没有显著性的差异(F(2)=0.129,P=0.879 > 0.05),三组女生的测试结果在同一水平。

运用配对样本T检验对各组女生实验后期与实验前期的BMI指数平均值进行显著性检验,结果发现:对照组实验前后BMI指数变化有显著性(t=7.364,P=0.000);实验一组实验前后BMI指数变化有显著性(t=8.283,P=0.000);实验二组实验前后BMI指数变化有显著性(t=11.381,P=0.000)。

使用了一般线性模型重复测量方差分析,并结合Greenhouse-Geisser修正值,对于三组实验对象在三个不同时间的BMI指数测量结果是否存在显著性差异进行了检验。结果表明:三组女生在三个时间点的BMI指数存在显著性差异,F(1.472,154.581)=188.650,P < 0.05,偏Eta方 = 0.642。对于BMI均值的进一步分析表明三组女生在参加体育课的干预后,BMI指数均呈下降趋势。从实验分组和测试时间的交互作用对BMI指数测量结果也存在显著性差异,F(2.944,154.581) = 4.059,P < 0.05,偏Eta方 = 0.072。

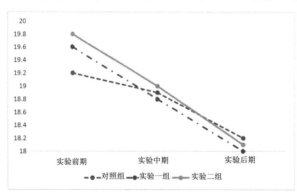

图6-2 实验前、中、后女生BMI指数均值变化趋势图

从图6-2可知,相较于对照组来说,实验一组(传统体育教学±体育拓展训练)与实验二组(体育拓展训练)女生身高体重指数的变化趋势较为明显,其中实验一组最为明显,这说明在传统教学的基础上融入体育拓展训练能够在一定程度上改善女生的身高体重指数。

(二)对学生身体围度的影响分析(腰围、臀围、腿围)

1.学生腰围变化情况分析

(1)男生腰围变化情况分析

表6-9　各组腰围变化情况统计表(男生,M±SD)单位:cm

	N	实验前期	实验中期	实验后期
对照组	36	75.6±4.87	73.6±4.91	70.8±4.77※
实验一组	36	73.9±4.07	68.1±3.56	65.4±1.84※
实验二组	36	76.1±4.49	73.0±3.63	70.3±2.27※

※:表示实验后期与实验前期比较有显著性差异($P < 0.05$)

运用单因素方差分析对三组男生腰围前期测试成绩的差异性进行分析,结果表明,在前期测试,三组男生的腰围测试结果没有显著性的差异($F(2)=2.428$,$P=0.093 > 0.05$),这满足本次实验的要求,有利于保障实验结果的真实性。

运用单因素方差分析对三组男生腰围中期测试成绩的差异性进行分析,结果表明,在中期测试,三组男生的腰围测试结果具有显著性的差异($F(2)=19.211$,$P=0.000 < 0.05$),结合数据结果来看,实验一组男生腰围测试结果最小。

对三组男生腰围后期测试结果发现,具有显著的差异性,单因素方差分析结果小于0.05($F(2)=30.600$,$P=0.000 < 0.05$),三组男生腰围测试结果差距较大。

运用配对样本T检验对各组男生实验后期与实验前期的腰围平均值进行显著性检验,结果发现:对照组实验前后腰围变化有显著性($t=15.727$,$P=0.000$);实验一组实验前后腰围变化有显著性($t=16.151$,$P=0.000$);实验二组实验前后腰围变化有显著性($t=10.558$,$P=0.000$)。

使用了一般线性模型重复测量方差分析,并结合Greenhouse-Geisser修正值,对于三组实验对象在三个不同时间的腰围测量结果是否存在显著性差异进行了检验。结果表明:三组男生在三个时间点的腰围存在显著性差异,$F(1.417,148.810)=440.215$,$P < 0.05$,偏Eta方$= 0.807$。对于腰围的进一步分析表明三组男生在参加体育课的干预后,腰围均呈下降趋势。从实验分组和测试时间的交互作用对腰围测量结果也存在显著性差异,$F(2.834,148.810) = 17.246$,$P < 0.05$,偏Eta方$= 0.247$。

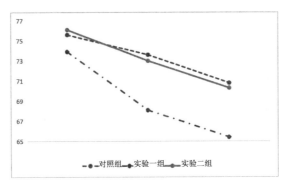

图6-3 实验前、中、后男生腰围均值变化趋势图

从图6-3可知,相较于对照组来说,实验一组(传统体育教学±体育拓展训练)与实验二组(体育拓展训练)男生腰围的变化趋势较为明显,其中实验一组最为明显,这说明在传统教学的基础上融入体育拓展训练能够在一定程度上改善男生的腰围。

(2)女生腰围变化情况分析

表6-10 各组腰围变化情况统计表(女生,M±SD)单位:cm

	N	实验前期	实验中期	实验后期
对照组	36	69.4±3.63	68.3±3.26	65.9±2.28※
实验一组	36	69.7±4.19	64.4±3.16	62.1±1.89※
实验二组	36	70.8±3.33	69.0±2.31	67.6±1.82※

※:表示实验后期与实验前期比较有显著性差异($P < 0.05$)

运用单因素方差分析对三组女生腰围前期测试成绩的差异性进行分析,结果表明,在前期测试,三组女生的腰围测试结果不存在显著性的差异($F(2)=1.319$,$P=0.272 > 0.05$),这满足本次实验的要求,有利于保障实验结果的真实性。

运用单因素方差分析对三组女生腰围中期测试成绩的差异性进行分析,结果表明,在中期测试,三组女生的腰围测试结果具有显著性的差异($F(2)=26.130$,$P=0.000 < 0.05$),结合数据结果来看,实验一组女生腰围测试结果最小。

对三组女生腰围后期测试结果进行差异性分析,结果发现,三组女生腰围后期测试结果具有显著的差异性,单因素方差分析结果小于0.05($F(2)=72.165$,$P=0.000 < 0.05$),三组女生腰围测试结果差距较大。

运用配对样本T检验对各组女生实验后期与实验前期的腰围平均值

进行显著性检验,结果发现:对照组实验前后腰围变化有显著性(t=9.360,P=0.000);实验一组实验前后腰围变化有显著性(t=14.699,P=0.000);实验二组实验前后腰围变化有显著性(t=7.149,P=0.000)。

使用了一般线性模型重复测量方差分析,并结合Greenhouse-Geisser修正值,对于三组实验对象在三个不同时间的腰围测量结果是否存在显著性差异进行了检验。结果表明:三组女生在三个时间点的腰围存在显著性差异,F(1.360,142.770)=270.958,P<0.05,偏Eta方=0.721。对于腰围的进一步分析表明三组女生在参加体育课的干预后,腰围均呈下降趋势。从实验分组和测试时间的交互作用对腰围测量结果也存在显著性差异,F(2.719,142.770)=23.325,P<0.05,偏Eta方=0.308。

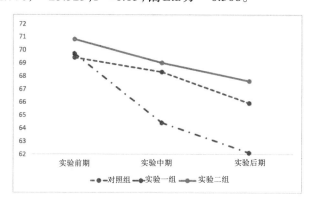

图6-4 实验前、中、后女生腰围均值变化趋势图

从图6-4可知,相较于对照组来说,实验一组(传统体育教学±体育拓展训练)与实验二组(体育拓展训练)女生腰围的变化趋势较为明显,其中实验一组最为明显,这说明在传统教学的基础上融入体育拓展训练能够在一定程度上改善女生的腰围。

2.对学生臀围的影响分析

(1)男生臀围变化情况

表6-11 各组臀围变化情况统计表(男生,M±SD)单位:cm

	N	实验前期	实验中期	实验后期
对照组	36	97.9±5.57	97.3±3.01	94.5±2.32※
实验一组	36	96.9±5.02	90.0±4.84	86.4±3.50※
实验二组	36	99.2±3.39	95.1±1.81	92.8±1.20※

※:表示实验后期与实验前期比较有显著性差异(P<0.05)

运用单因素方差分析对三组男生前期臀围变化的差异性进行检测,结果发现,三组男生臀围实验前期测试结果未表现出显著的差异性(F(2)=2.095,P=0.128 > 0.05),基本处于同一水平,满足实验要求。

由三组男生臀围实验中期测试结果的差异性检测结果发现,三组男生臀围实验中期测试结果具有显著性的差异(F(2)=41.880,P=0.000 < 0.05),结合数据结果来看,实验一组男生的臀围测试数值最小,其次是实验二组。

由三组男生臀围实验后期测试结果的差异性检测结果发现,三组男生臀围实验后期测试结果具有显著性的差异(F(2)=102.079,P=0.000 < 0.05)。

运用配对样本T检验对各组男生实验后期与实验前期的臀围平均值进行显著性检验,结果发现:对照组实验前后臀围变化有显著性(t=8.757,P=0.000);实验一组实验前后臀围变化有显著性(t=13.830,P=0.000);实验二组实验前后臀围变化有显著性(t=12.008,P=0.000)。使用了一般线性模型重复测量方差分析,并结合Greenhouse-Geisser修正值,对于三组实验对象在三个不同时间的臀围测量结果是否存在显著性差异进行了检验。结果表明:三组男生在三个时间点的臀围存在显著性差异,F(1.386,145.487)=307.675,P < 0.05,偏Eta方 = 0.746。对于臀围的进一步分析表明三组男生在参加体育课的干预后,臀围均呈下降趋势。从实验分组和测试时间的交互作用对臀围测量结果也存在显著性差异,F(2.771,145.487)=7.476,P < 0.05,偏Eta方 = 0.125。

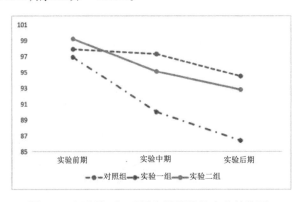

图6-5 实验前、中、后男生臀围均值变化趋势图

从图6-5可知,相较于对照组来说,实验一组(传统体育教学±体育拓展训练)与实验二组(体育拓展训练)男生臀围的变化趋势较为明显,其中实验一组最为明显,这说明在传统教学的基础上融入体育拓展训练能够在一定程度上改善男生的臀围。

（2）女生臀围变化情况

表6-12　各组臀围变化情况统计表（女生,M±SD）单位:cm

	N	实验前期	实验中期	实验后期
对照组	36	99.3±4.24	96.9±2.96	93.8±2.39※
实验一组	36	97.3±2.70	85.6±2.50	83.1±1.69※
实验二组	36	98.0±4.71	94.3±2.96	92.5±1.98※

※:表示实验后期与实验前期比较有显著性差异（P＜0.05）

运用单因素方差分析对三组女生前期臀围变化的差异性进行检测,结果发现,三组女生臀围实验前期测试结果未表现出较为显著的差异性（F（2）=2.489,P=0.088＞0.05）,基本处于同一水平,满足实验要求。

由三组女生臀围实验中期测试结果的差异性检测结果发现,三组女生臀围实验中期测试结果具有显著性的差异（F（2）=158.782,P=0.000＜0.05）,结合数据结果来看,实验一组女生的臀围测试数值最小,其次是实验二组。

由三组女生臀围实验后期测试结果的差异性检测结果发现,三组女生臀围实验后期测试结果具有显著性的差异（F（2）=292.176,P=0.000＜0.05）。

运用配对样本T检验对各组女生实验后期与实验前期的臀围平均值进行显著性检验,结果发现:对照组实验前后臀围变化有显著性（t=15.470,P=0.000）;实验一组实验前后臀围变化有显著性（t=19.173,P=0.000）;实验二组实验前后臀围变化有显著性（t=8.983,P=0.000）。使用了一般线性模型重复测量方差分析,并结合Greenhouse-Geisser修正值,对于三组实验对象在三个不同时间的臀围测量结果是否存在显著性差异进行了检验。结果表明:三组女生在三个时间点的臀围存在显著性差异,F（1.391,146.007）=498.463,P＜0.05,偏Eta方＝0.826。对于臀围的进一步分析表明三组女生在参加体育课的干预后,臀围均呈下降趋势。从实验分组和测试时间的交互作用对臀围测量结果也存在显著性差异,F（2.781,146.007）＝38.901,P＜0.05,偏Eta方＝0.426。

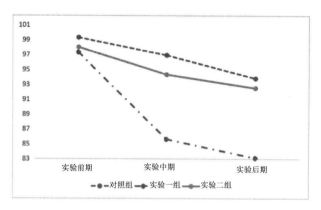

图6-6 实验前、中、后女生臀围均值变化趋势图

从图6-6可知,相较于对照组来说,实验一组(传统体育教学±体育拓展训练)与实验二组(体育拓展训练)女生臀围的变化趋势较为明显,尤其是实验一组,这说明在传统教学的基础上融入体育拓展训练能够在一定程度上改善女生的臀围。

3.对学生腿围的影响分析

(1)男生腿围变化情况

表6-13 各组腿围变化情况统计表(男生,M±SD)单位:cm

	N	实验前期	实验中期	实验后期
对照组	36	53.6±5.21	52.8±4.77	53.3±3.96
实验一组	36	54.1±4.46	53.6±3.80	50.5±2.04※
实验二组	36	52.1±3.58	52.3±2.79	53.1±2.23※

※:表示实验后期与实验前期比较有显著性差异($P < 0.05$)

在实验前期测试中,三组男生的腿围变化未表现出明显的差异性($F(2)=1.955,P=0.147 > 0.05$),满足实验的要求,能够保障实验结果的真实性与有效性。

在实验中期测试中,三组男生的腿围变化并没有出现显著性差异($F(2)=1.082,P=0.343 > 0.05$),说明经过短时间的体育教学后,三组男生的腿围不存在明显的差距。

在实验后期测试中,三组男生的腿围变化表现出较为显著的差异性($F(2)=11.114,P=0.000 < 0.05$),其中实验一组的男生腿围值最低。运用配对样本T检验对各组男生实验后期与实验前期的腿围平均值进行显著性检验,结果发现:对照组实验前后腿围变化没有显著性($t=0.739,P=0.465$);

实验一组实验前后腿围变化有显著性(t=7.209,P=0.000);实验二组实验前后腿围变化有显著性(t=-11.760,P=0.000)。使用了一般线性模型重复测量方差分析,并结合Greenhouse-Geisser修正值,对于三组实验对象在三个不同时间的腿围测量结果是否存在显著性差异进行了检验。结果表明:三组男生在三个时间点的腿围存在显著性差异,$F(1.620,170.067)=5.031$,$P<0.05$,偏Eta方=0.046。对于腿围的进一步分析表明三组男生在参加体育课的干预后,腿围呈现出不同的变化趋势。从实验分组和测试时间的交互作用对腿围测量结果也存在显著性差异,$F(3.239,170.067)=55.941$,$P<0.05$,偏Eta方=0.516。

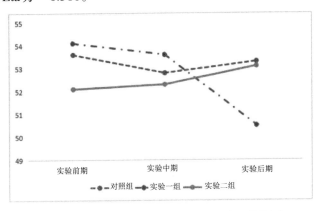

图6-7 实验前、中、后男生腿围均值变化趋势图

从图6-7可知,相较于对照组来说,实验一组(传统体育教学±体育拓展训练)与实验二组(体育拓展训练)男生腿围的变化趋势较为明显,其中对照组男生变化趋势相对较为平缓,实验一组男生的腿围呈现下降趋势,实验二组呈现上升趋势。

(2)女生腿围变化情况

表6-14 各组腿围变化情况统计表(女生,M±SD)单位:cm

	N	实验前期	实验中期	实验后期
对照组	36	48.1±3.33	47.1±2.49	48.2±1.72
实验一组	36	49.2±3.56	48.9±2.94	47.6±2.04※
实验二组	36	48.0±1.29	48.6±1.82	48.7±1.47※

※:表示实验后期与实验前期比较有显著性差异(P<0.05)

在实验前期测试中,三组女生的腿围变化未表现出明显的差异性(F

（2）=1.851，P=0.162＞0.05），满足实验的要求，能够保障实验结果的真实性与有效性。

在实验中期测试中，三组女生的腿围变化已经表现出显著性差异（F（2）=5.270，P=0.007＜0.05），说明经过一学期的体育教学后，三组女生的腿围出现了明显的差距。

在实验后期测试中，三组女生的腿围变化并没有表现出较为显著的差异性（F（2）=3.069，P=0.051＞0.05），其中实验一组的女生腿围值最低。

运用配对样本T检验对各组女生实验后期与实验前期的腿围平均值进行显著性检验，结果发现：对照组实验前后腿围变化没有显著性（t=－0.121，P=0.904）；实验一组实验前后腿围变化有显著性（t=4.249，P=0.000）；实验二组实验前后腿围变化有显著性（t=－5.900，P=0.000）。

使用了一般线性模型重复测量方差分析，并结合 Greenhouse-Geisser 修正值，对于三组实验对象在三个不同时间的腿围测量结果是否存在显著性差异进行了检验。结果表明：三组女生在三个时间点的腿围不存在显著性差异，F（1.494，156.847）=0.192，P＞0.05，偏 Eta 方 = 0.002。对于腿围的进一步分析表明三组女生在参加体育课的干预后，腿围呈现出不同的变化趋势。从实验分组和测试时间的交互作用对腿围测量结果存在显著性差异，F（2.988，156.847）= 17.939，P＜0.05，偏 Eta 方 = 0.255。

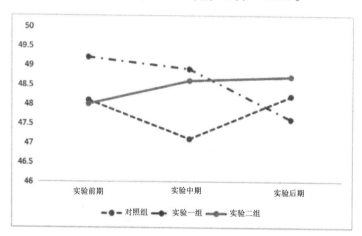

图6-8　实验前、中、后女生腿围均值变化趋势图

从图6-8可知，相较于对照组来说，实验一组（传统体育教学±体育拓展训练）与实验二组（体育拓展训练）女生腿围的变化趋势较为明显，其中对照组女生变化趋势相对较为平缓,实验一组女生的腿围呈现下降趋势,实验二组呈现上升趋势,这说明传统体育教学、体育拓展训练以及传统体育教学±体育拓展训练对女生的腿围影响具有差异性。通过对三组学生的身高体重指数与围度变化情况进行分析发现,在BMI指数中,三组学生在第一学期初期、第一学期末、第二学期末三个阶段的测试中,其身高体重指数均没有表现出明显的差距,说明体育拓展训练对高校学生身高体重指数的影响不明显。

在维度上,三组学生的腰围、臀围与腿围的变化趋势存在不同程度的差异,其中实验一组学生在传统体育教学结合体育拓展训练的环境中,围度变化最为明显,实验二组学生虽然有一定变化,但是变化趋势相对不明显,对照组学生的围度变化较为平缓。整体来说,单纯进行体育拓展训练对高校学生身体形态的影响较小,但是在传统体育教学的基础上科学的融入体育拓展训练能够更为明显的改善学生围度,逐渐改善学生的体态。

第七章 体育运动功能性训练的实践探索

第一节 功能性训练在体育运动训练中的实践

一、武警战士功能性动作测试分析

功能性动作筛查是为了发现武警新兵在训练中存在不合理、不规范的动作,及时解决问题,避免长时间代偿,导致运动损伤的发生,从而影响训练的进程。因此在训练前通过对武警新兵进行功能性动作筛查(FMS),分析其完成动作的能力,制定相应的训练计划,提高武警新兵战士完成动作的规范性,降低运动损伤之风险,解决武警战士军事体能训练的瓶颈,以提高武警战士的军事体能水平和通过军事体能考核。

(一)实验前功能性动作测试(FMS)总得分情况分析

表7-1 实验前武警新兵战士功能性动作测试总得分比较

FM测试总分	对照组		实验组	
	人数(个)	百分比(%)	人数(个)	百分比(%)
16	1	1.33	2	2.67
15	9	12.00	8	10.67
14	17	22.67	14	18.67
13	20	22.67	24	32.00
12	15	20.00	16	21.33
11	10	13.33	5	6.67
10	2	2.67	3	4.00
9	1	1.33	2	2.67

通过表7-1可以看到武警新兵战士功能性动作的得分情况。总体情况的得分趋于在9-16分之间;其中,对照组得分为16分者1人,占1.33%,得分为15分者9人,占12.00%,得分为14分者17人,占22.67%,得分在9分~13分之间者28人,占总人数的36.33%。实验组得分为16分者2人,占2.67%,得分为15分者8人,占10.67,得分为14分者14人,占18.67%,得分14分以下者50人,占总人数的66.67%。根据FMS测试的评分标准得

知,14分为及格分。通过表7-1中的数据能够看出,武警新兵战士的及格人数比较少,合格率较低。表明武警新兵战士的基础动作不合理,不懂得完成整体动作的基本功能,动作是运动的技术,技术不合理,运动能力就不可能突出;同时,技术不合理,就容易在运动过程中产生运动损伤。

(二)实验前功能性动作测试各项得分情况分析

表7-2　实验前武警某机动部队新兵功能性动作测试各项得分比较

测试指标	对照组(分)(N=75)	实验组(分)(N=75)	P值
深蹲	2.13±0.47	2.05±0.40	0.27
跨栏架步	1.71±0.54	1.61±0.49	0.88
直线弓箭步	1.91±0.44	1.91±0.44	1.00
肩关节灵活性	2.53±0.55	2.53±0.58	1.00
主动直膝抬腿	1.79±0.53	1.80±0.47	0.37
躯干稳定俯卧撑	1.68±0.47	1.61±0.49	0.40
躯干旋转稳定性	1.61±0.54	1.64±0.51	0.76
总分	12.91±1.42	12.85±1.53	0.83

通过表7-2可以看出,武警新兵战士在实验前通过功能性动作筛查不同项目的得分情况。其中,对照组与实验组的总得分分别为12.91±1.42分与12.85±1.53分,通过统计学检验二者无差异(P=0.83 > 0.05)。同时,从表7-2还可以看出,只有深蹲与肩部灵活性的得分值达到2分以上,处于及格水平,其他项目的得分均在2分以下,表明其他单项均不及格。由此可见,武警新兵战士的髋关节与肩关节灵活性比较好;其他的小关节灵活性相对较差,由于小关节灵活较差,就会限制一些动作的完成,因此,在训练中就会出现"代偿"现象,造成动作的不规范,还容易产生运动损伤。因此,要形成正确的动作模式,就必须克服军事体能训练的盲目性,走出误区,明确动作的规范性与合理性,提高军事体能的训练效率。[①]

(三)实验前功能性动作测试(FMS)单个项目的得分情况分析

根据功能性动作筛查,除深蹲和躯干稳定俯卧撑外,其他5个动作都是对称的,既要有左侧的动作,又要有右侧的动作。本研究最终选取左右两侧得分较低的一侧作为最后得分。

---

①刘美卓,程智.功能性训练的本质探寻[J].体育科技文献通报,2020,28,(7):161-162.

图 7-1　实验前对照组 FMS 测试单个项目得分档次图

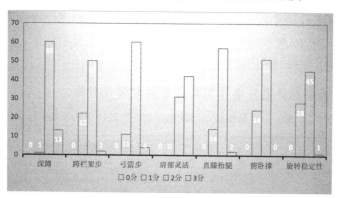

图 7-1 可以看出,在实验前对照组的深蹲项目得 2 分者较多,共有 60 人,得 3 分者 13 人,得 1 分者 1 人,得 0 分者 1 人;跨栏架步项目得 2 分者较多,有 50 人,得 1 分者 22 人,得 3 分者 2 人;在弓箭步项目中就有 60 人得 2 分,有 11 人得 1 分,有 4 人得 3 分;武警新兵战士的肩部灵活性项目得分最高,其中得 3 分者比较多,有 42 人,得 2 分者有 31 人,得 0 分者有 2 人;主动直膝抬腿项目中,得 2 分者较多,有 57 人,得 1 分者 14 人,得 3 分者和得 0 分者各 2 人;躯干稳定俯卧撑项目中,武警新兵战士得 2 分者有 51 人,得 1 分者有 24 人,得 0 分者没有人;旋转稳定项目中,武警新兵战士得 2 分者 45 人,得 1 分者 28 人,得 0 分者和得 3 分者各 1 人。根据 FMS 测试各单项得分情况可以知道,对照组得 2 分的人数比较多,说明对照组的武警新兵战士能够基本完成功能性的动作,只是在完成动作的过程中还存在不够规范、不够准确的现象,还有一些动作没能力完成。

图 7-2　实验前实验组 FMS 测试单个项目得分档次图

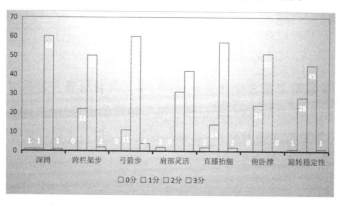

由图7-2可以看出,实验前实验组FMS各单项测试得分情况。其中,深蹲项目,武警新兵战士得2分者60人,得3分者1人,得1分者1人,得0分者1人;跨栏架步项目,武警新兵战士得2分者50人,得1分者22人,得3分者2人;直线弓箭步项目,武警新兵战士得2分者60人,得1分者11人,得3分者4人;肩部灵活性项目,武警新兵战士得3分者42人,得2分者31人,得0分者2人;主动直膝抬腿项目,武警新兵战士得2分者57人,得1分者14人,得3分者和得0分者各2人;躯干稳定俯卧撑项目,武警新兵战士得2分者51人,得1分者24人,得0分者没有人;旋转稳定项目,武警新兵战士得2分者45人,1分有28人,得0分者和的3分者各1人。

由图7-1、7-2能够看出,对照组与实验组的得分总体情况差不多。其中,两个组得2分的人数都相对较多,得0分的人数都相对较少。说明武警新兵战士通过体格检查,进入部队基本具备完成一些功能性的动作,只是由于在基层没有经过正规系统的训练,对完成一些动作的基本要领不清楚,不具备一定的基本能力完成动作。只要经过部队长期系统地训练,可以保证能够掌握各种军事技能,承担各种复杂的抢险任务,成为一名合格的人民子弟兵。

在躯干旋转稳定项目测试中,实验组武警新兵战士得2分者有45人,得1分的有28人。说明在实验组还有部分武警新兵战士对肌肉的控制能力不够准确。在训练中,神经对肌肉的控制作用与动作完成的规范度,准确度,有着密切联系。因此,应提高武警新兵的肌肉协调能力的锻炼。在躯干稳定俯卧撑项目测试中,实验组武警新兵战士得2分者51人。表明武警新兵战士基本能够完成部分功能性动作,但完成动作的协调性、稳定性不够。因此,应针对核心稳定、上肢与背部肌肉的训练。在跨栏架步项目中,实验组武警新兵战士得到2分的有55人,取得1分的有22人。从测试得分情况反映出:武警新兵髋关节稳定性和灵活性较差,髋关节屈曲能力受限,并且髂腰肌紧张,主动肌群收缩力量不足。髋关节的灵活性对3000米跑十分重要,腿部肌肉力量不足和髋关节灵活度受限,会影响整个跑步过程,最终导致跑步费力,消耗过多的体能。因此,要求放松髂腰肌,提高下肢各关节的灵活性,掌握合理的跑步技术,轻松、自然、经济又实效。在主动直膝抬腿测试中,实验组武警新兵战士得2分者57人,得1分者14人。从测试得分情况反映出:武警新兵战士的肌肉紧张,柔韧性不足。因此,在训练中应加强武警新兵的腿部肌肉的训练与放松,主要采用拉伸和泡沫轴放松。在直线弓箭步测试中,实验组武警新兵战士得2分者60人,得1分者11人。通过测试得分反映出,武警新兵的柔韧性不足。因此,要改善武警新兵身体的柔韧性,同时在训练后,通过泡沫轴放松相应的肌肉。在深蹲项目测试中,实验组武警新兵战士得2分者50人,得1分者1人,得0分者1人,失分的主要原因是武警新兵战士的髋关节灵活性不够,在下蹲过程中,出现屈髋的困难,如果再进一步深蹲就会出现疼痛感,或不能完成动作。

在肩部灵活性项目中,实验组武警新兵战士得3分者42人,得2分者31人、得1分者3人。从得分情况可以反映出:武警新兵战士的肩关节灵活性相对较好,肩关节灵活可以加大完成某些动作的幅度,减少受损伤的风险。

从上述分析中得知,实验前武警新兵FMS单项测试的分值并不理想,表明武警新兵完成动作的基本能力较弱,不利于提高军事体能训练的成绩。而部队考核成绩的提高又基于良好的体能基础之上。尤其是武警战士各关节的灵活性与稳定性,上下肢的力量、核心部位的稳定性以及神经控制肌肉的能力是限制武警新兵考核成绩提高的重要因素。通过实验前的功能性动作筛查,很明显的发现武警新兵的身体功不足,因此将功能性训练融入军事体能训练中,能够改善武警新兵的身体功能和基本身体素质,从而促进军人身体素质的不断提高。

二、功能性训练方案的制定与实施

(一)功能性训练方案的制定

根据武警新兵实验前的体能测试结果,进一步掌握了武警新兵体能现状。为了提高武警新兵的军事体能水平,制定合理的训练计划,从而有效改善新兵的体能状况。通过前期的测试情况,结合武警新兵的实际情况以及体能专家的意见,经过反复的协商与探讨,最终确定了12周的功能性训练方案,除周六新兵休息外,每周进行6次训练,每次训练2小时,每次训练课分为4个部分。其中在实验组融入部分功能性训练的内容。具体训练内容包括力量训练、核心稳定性训练、无氧训练、有氧耐力训练、灵敏性训练、柔韧性训练、动作模式训练。

根据对武警机动部队的考核科目,结合功能性训练理论的研究,在实验组把一些功能性的训练内容、方法、手段、负荷等融入军事体能训练之中，以提高武警新兵战士的军事体能水平。

（二）功能性训练的实施流程

武警新兵体能测试结果

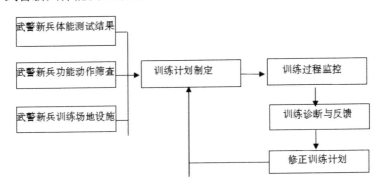

图7-3　功能性训练实施流程

根据武警机动部队的日常训练安排，实验时间为12周，每周训练6天（表7-3）。

表7-3　实验组一周训练安排

时间	周一	周二	周三	周四	周五	周六	周日
内容	速度素质	力量素质	灵敏素质	柔韧素质	耐力素质	休息	核心稳定性的功能性训练

根据上述的安排，结合军事体能训练的要求，在实际训练过程中根据本阶段、本单元训练的要求，选择适应的训练内容以及负荷量与负荷强度。训练前期量要大但强度要小，随着武警新兵的基础体能提高，训练的负荷强度应适当地增加，努力科学把握新兵战士的所能承受的最大负荷，是武警新兵战士的抗负荷能力不断提高，以便达到更好的训练效果。每一训练内容选取2个～3个不同的训练方法与手段。同时，训练之前要求武警新兵做好准备活动，更好地动员机体的活动能力，增强肌肉的激活程度，以便尽快进入基本部分；同时，可以避免出现运动损伤。训练内容根据素质的类型以及武警新兵的自身情况选择一些与武警战士考核内容相近似的内容，并在训练过程中不断加以适度调整；训练的负荷由教官根据

武警新兵的实际情况进行调整,努力做到"适宜负荷";训练方法与手段应该丰富灵活多样,具有一定的吸引力,使武警新兵能够对训练具有足够的兴趣,全身心地投入训练之中,取得好的训练效果。核心稳定性练习以及各关节的灵活性训练应该根据力量训练的原则,严格控制训练量与强度,要求做到循序渐进。同时,尽可能将柔韧训练和一些灵敏性练习放在准备活动和放松练习之中,既可以提高武警新兵的柔韧性,又可以提高训练的气氛,使战士在轻松愉快的气氛中得以训练,提高训练效果。另外,在具体实施过程中,遵循运动训练原则,采取区别对待和适宜负荷,根据不同的分组区别对待和负荷强度的不同。

武警机动部队在面对各种复杂多变的环境以及处突维稳行动中,必须具备的充沛的军事体能,才能保证完成各项艰巨的任务。军事体能是掌握军事技能的基础,是贯彻落实"强军先强体、强体为打赢"战略思想的先决条件。

武警机动部队新兵军事体能基础较差。依据《全军军事体育训练大纲》中"二类人员"的考核标准,其中体型与仰卧起坐相对较好之外,其他的三项3000米跑、30米×2蛇形跑和引体向上成绩较差。

功能性动作筛查结果表明,武警新兵战士身体的柔韧性、灵活性和稳定性都比较差,对完成功能性动作有所限制。

通过实验对照的方法,将功能性训练融入军事体能训练之中,对提高武警新兵战士身体的稳定性、协调能力、灵活性以及爆发力具有重要的作用;同时,对武警新兵战士完成动作基本模式,发展身体基本功能,完成专项军事技能,提高考核成绩均有显著的效果。

根据武警新兵战士军事体能的基本现状,把功能性训练融入到军事体能训练之中是可行的、有效的,而且会取得明显的训练效果。

第二节 体育运动功能性训练存在的问题及对策

一、开展功能性训练存在的问题

(一)结构化课程模式导致专业知识与技能的联系不紧密

当前,警察体能教学是以结构化课程为基础,教学内容和教学任务由公安实战对不同专业知识和技能的需求决定,而公安实战需求又直接影响教学理念。那么突出实战、实用、实效的单纯以技术动作为主的教学训练讲究"短平快",也就是投入精力少、时间短、见效快。因此,运动专业知识教学培训容易被忽视。

从功能性训练的起源、理论研究背景、实验与推广应用发现,功能性训练不仅是先进的训练方法手段,同时也是集人体解剖学、生物力学、运动训练学和康复医学等专业理论知识于一体的训练体系。从知识的角度而言,功能性训练知识内涵丰富,但是结构化的课程让知识呈现碎片化,很难将系统化的知识与技能整合到一起,使功能性训练成为纯技术性教学。学生只知道事物的表面现象,不知事物的本质及其产生的原因。这种缺乏专业知识普及与推广的教学内容,不仅难以培养学生的运动热情和运动习惯,甚至学生对已经掌握的技术技能也难形成稳固的记忆。因此,功能性训练要获得发展就必须打破专业知识与技术之间的阻隔状态,增加课程知识属性。

(二)教学训练内容的科学性和针对性不强

功能性训练发端于西方运动康复理论,将人体运动功能复原、身体机能恢复和运动能力提升等研究成果紧密地结合到一起,针对练习者体能和专项技能存在的薄弱环节,制定个性化的有针对性的教学训练方案。而且每个模块的练习内容和训练方式都能符合练习者的身体发展需要,并且配以检测标准检验练习效果。与之对比,中国刑事警察学院开展功能性训练还处在初级阶段,教师对功能性训练理论内涵和技术标准研究得还不够深入,教学训练内容和形式还比较单一,特别是推广教学经验时,专业理论知识与技术要领结合不到位,教材内容的选择缺乏科学性,教学活动与教学效果缺少实践验证,等等。因此,教学训练内容的科学性和针对性有待进一步加强。

(三)教学评价不全面,评价的客观性不高

作为完整的教学训练活动,评价要素是教学目标、教学内容和教学方法合理性的直接反映。首先,从人才培养目标而言,体能教学训练不仅仅是知识和技能的传授,还要作为警察文化的载体传承警察文化,培养学生不怕苦、不怕牺牲的职业精神,发挥磨炼学生情感意志的作用;其次,从教学对象而言,教学评价能够观测学生锻炼行为转变,衡量学生是否通过练习达到教学活动预期的教学目标;再次,从考核而言,教师按照功能性训练效果的评价标准,对学生的练习情况给予评判,评判结果又是衡量教学内容和教学方法的最好反馈,教师可以根据信息反馈查找问题以便改进教学方式方法;最后,从激发学生内在潜能角度讲,教学评价还有利于促进学生发现自身潜在的身体能力和情感意志变化,通过享受锻炼带来的快乐与挑战,不断自我鼓励、自我鞭策,将运动健身逐渐变为生活中的一部分。总之,教学评价作为一项重要的教学活动,是全面反映教学过程的介质,最终指向的不仅仅是"做了什么",而是"应该做什么"。但是,这些在功能性训练教学评价中往往得不到体现。

二、对策建议

(一)丰富教学形式,拓展功能性训练的知识属性

当前,教育科学技术的发展不断引领教学模式的变革,尤其是深度学习理念的提出,使课程围绕着为学生学习服务的方向发展。在建构主义知识论和学习论的影响下,"翻转课堂""混合式教学"等新课程形式不仅打破了传统课程的结构化特点,也改变了学生获取知识和技能的途径,可以很好地拓展知识内容,解决教与学在时间空间条件上的制约。随着这些新教学理论的提出与实践,教师必须转变学生知识获取和学习方式的传统观念。从专业知识获取方面,要打破"满堂灌"的方式,通过网络课程形式,在互联网学习平台提供多学科、开放性的内容,充分调动学生自主学习热情,把学生运用学习平台学习功能性训练技术动作和健身机理作为主要的课堂教学考察过程,培养学生发现问题、分析问题和解决问题的能力,使学生成为掌握功能性训练和方法的行家里手。从技能练习方面,要发挥教师课堂精讲与启发引领的作用,鼓励学生通过组建学生社团、学习小组的形式,练习技能和交流经验。通过学生自发组织的技能竞赛,分享合作学习的快乐,达到竞相提高、共同受益的目的。从而,通过打破功能性训练以技术为主体的教学训练形式,将训练学、生理学、解剖学、生物力学等知识内容与技术练习相结合,增加教学训练的知识属性。通过学生自主学习的组织形式,使学生在学习与锻炼中了解自己的身体、了解运动健康知

识,形成热爱运动、热爱竞技的行为习惯。①

(二)深化功能性训练理论研究,不断完善教学内容与方法

近十年来,功能性训练理论、内容和方法在国内外体能训练领域十分盛行,无论在竞技体育中为优秀运动员提供个性化的体能训练,还是在广泛出现的社会健身机构以及部分学校体能教学训练中,功能性训练的科学性和功效性被广泛认可。但是,从国内学者的争论中也能发现,在功能性训练概念界定和内涵理解方面、在功效和作用方面、在方法体系和评价手段方面还存在不同看法。警校大学生的体能素质基础及其培养目标,显然与竞技体育优秀运动员不同,与大众健身也有区别。功能性训练能否适合警察群体,需要不断地深化学习和领悟其原理、内容和方法内涵,在理解消化的基础上吸收国内外优秀教材及教学内容,推进教材教学参考资料和教学课件三位一体的立体化建设。投入人力物力开展实证性研究,开展模块化内容设计,不断改进教学方式方法,形成适合警校大学生的体能训练方案、内容和方法。

(三)完善教学评价形式,建立多维评价体系

教学评价不仅是教学活动中的重要环节,也是检测教学效果和推动学生自主学习的主要手段。随着"终身锻炼""健康第一"理念的深入,警察体能教学训练实际上就是以培养学生的运动素养为核心,而这种素养是学生融入公安工作不可缺失的基本能力。因此在以能力为导向的功能性训练中,教学评价变成鼓励学生继续锻炼身体的手段,成为学习过程评价,成为阶段性评价。在"坚持运动,科学健身"的总的评价标准下,既要体现锻炼形式学习环节和运动效果的评价,又要注重意志力、运动习惯等方面的评价。具体而言,锻炼形式应该包括自主练习、小组竞赛等方面;学习环节方面主要考察理论知识学习心得、小组经验交流学生讲学等方面;学习结果方面包括训练任务完成情况、小组评教情况、考核成绩等方面;意志品质包括自觉锻炼、坚持锻炼、敢于挑战自我等方面的表现。这种综合多维评价远远超出单一评价的范围和意义,更能体现教学评价的客观性,彰显"以人为本"的教育教学理念。

①高振峰.功能性训练应用成效、存在问题及实施对策[J].鞍山师范学院学报,2020,22,(4):54-58.

第三节 体育运动功能性训练在课程改革中的实践研究

一、功能性训练概念的提出

功能性训练源于医学康复领域,并在辅助治疗伤病的过程中发挥重要作用,继而由损伤康复过程中干预发展成为预防运动损伤的练习方式方法,并逐步形成系统的先进的训练理念。1997 年美国运动康复专家 Gray Cook 首次提出功能性训练概念,认为"身体运动是一个运动链,注重关节的稳定性和协调性的训练,通过对完整动作分析找出薄弱环节并进行针对性力量训练,避免单关节训练对身体造成损伤的方法"。国内也有学者认为功能性训练内涵广泛,包括功能性力量、速度、耐力、灵敏等方面,是针对运动员身体素质薄弱环节展开的有针对性的训练。截至目前,虽然国内外专家学者对功能性训练概念还未达成一致共识。但是功能性运动适合各种人群完成任何运动形式,防止运动损伤并提高人体运动能力,很好地衔接传统训练与专项化训练,有利于保持基本生活能力所需的身体素质等理念与方法优势,得到多数运动训练专家及体育教育者认可,并积极在各自领域进行探索性应用。

二、功能性训练理念契合警察体能课程需要

(一)功能性训练为警察体能课程改革提供了新的方法途径

一个时期以来,警察体能课程基本上被框定在一个"国标模式",也就是以学生身体素质练习为基本内容,以跑、跳、越障和辅助器械练习等形式为主要方法途径,教与学围绕通过达标测试为目的,内容单一,成效不高的模式。此外,学生参与运动时出现疲劳、损伤的概率也在不断地增加,一定程度上弱化了参与体育锻炼、运动促健康、运动习惯养成的动力和健身信念。相比之下,功能性训练将促进这些问题得到解决。功能性训练包括功能性运动测试、功能性动作训练和物理治疗等内容。其训练方法包括稳定训练、平衡训练、核心柱训练、增阻训练、本体感觉训练、悬吊训练等。以核心稳定性训练为例,其可以提高学生核心区肌肉力量和稳定性,缓解运动疲劳,避免运动损伤的发生。此外,功能性训练还是传统训

练方法的有效补充,对有效提升速度、力量、耐力、灵敏、协调等基本身体素质提供方法支持。功能性训练更加注重运动素质和运动机能的有机结合,神经系统和肌肉系统的有机结合,力量素质的均衡化和完整性。强调关节在多方位、大幅度运动时神经肌肉工作效能,强调身体素质练习的整体化。因此,功能性训练理念与方式方法正是警察体能教学最急需的内容,为优化课程结构和教学方法提供了必要条件。

(二)功能性训练有利于警务实战能力的整体提升

在警务实战训练体系中,如果把警察体能、技能和战术视为塔形能力结构,那么体能素质无疑是基础,擒拿格斗、武器警械使用等技能是主体,警务战术是塔顶,三个能力板块叠加形成一个稳固的整体。如果这种假设成立,功能性训练会在体能、技能和战术能力板块间建立起密切关联,有效促进整体能力的提升。在体能课程改革中,功能性训练作为体能实验教学内容可以充实到技能战术教学中,通过稳定训练、平衡训练、核心柱训练等方法,提升学生踢、打、摔等单招技术动作的动态稳定性,减少运动损伤;改善和提高学生手枪射击练习时身体轴心稳定性、控枪能力和击发技术;提高学生战术搜索的位移速度与观察判断能力等。教学实践证明,功能性训练不仅对提升学生一般身体素质和基本运动功能产生积极影响,对加强专项运动素质也会发挥重要作用,有利于促进体能和技能的整体提升。

三、开展功能性训练可能遇到的问题

(一)功能性训练的教学学时不足

体能课程改革中,既要更新和扩展内容又要控制学时,恐怕是大多数公安高校教研组织都会遇到的一个棘手问题,内容与学时的比重成为矛盾焦点。在体能课程中增加功能性训练也会遇到此类问题。如果课时不增加,增加新教学内容就意味着要减少原有内容,而原内容与达标测试紧密联系,盲目压缩教学内容可能导致体能测试通过率低的风险。教师没时间精讲,学生没时间学懂。如果没有时间保障,学生练习热情、学习参与度和运动习惯养成可能都会受影响。这方面问题在普通高校体育教学中已经有所体现。

（二）功能性训练内容不系统

功能性训练是系统化训练,包括核心区训练、核心力量训练、动作速度训练、柔韧性和灵敏性训练、平衡性训练以及增强训练等。体能课程改革中如果存在教学内容单一的现象,可能的原因有二:一是课程组或教师个人对功能性训练的原理、内容和方法理解和掌握得不够深入,存在以偏概全或一概而论的可能;二是课程设计不科学,没有将功能性训练内容与方法融入传统体能教学当中去,只是作为一种辅助性练习手段,浅尝辄止,流于形式。最终造成内容形式单调、方法手段简单、教学目标与内容方法不切合。

（三）功能性训练场地器材不到位

体能课程改革中不仅需要科学合理地设计功能性训练内容,更需要配置适合的场地器材。开展功能性训练需要整洁、开阔、安全的场地,需要瑜伽垫、壶铃、哑铃、药球、稳定球、泡沫轴、弹力带、绳梯等专业训练器材。这些硬件条件可以促进练习的针对性和实效性的显著提升。但是,公安高校在开展功能性训练时,普遍存在场地器材配置不及时或不充分的问题。有的学校有训练场地但器材匮乏,有的学校不能针对教学内容配备训练器材。究其原因可能还是囿于观念落后,对功能性训练的科学性认识不到位。

四、开展功能性训练的策略措施

（一）转变警察体能教育教学思想观念

长期以来,"追得上、跑得过、打得赢"一直是指导警察体育教学工作的"指标性要求"。诚然,无论从实战出发提高身体素质,还是加强体育锻炼通过达标测试,都是职业化需求,但是也应该看到这些标准只不过是警察职业的"门槛标准"。当大多数民警跨过此标准后,又该如何面对执法战斗力的保持和健康生活工作的问题呢?如果"终身体育、健康第一"的指导思想被弱化,学生缺少了解自己的身体、了解什么是运动、什么是体育、什么是健康,缺失在体育运动中体验自我完善的过程,缺乏在运动中战胜自我超越自我的意志磨炼。体能课程所反映出的本质内涵可能就只剩下实用主义原则了。相反,只有把终生热爱运动和增强体质健康与满足职业需要融为一体,兼顾科学性、实效性和针对性,才能充分体现警察身心健康教育的完整性,才能真正提高警察队伍的整体战斗力。为此,警察体能教育教学思想观念亟待转换。

(二)赋予师资培训新内容

开展功能性训练关键看教师队伍,抓队伍建设关键看师资培训,加强师资培训重点是把"走出去""请进来"赋予新内容。首先,要持续不断地派遣教师参加体能专业培训,加强与同行院校、优秀运动队、专业研究机构的交流互动,学习、总结、借鉴好的做法和成功经验,不断拓展教师的专业知识和视野。其次,选取功能性训练优秀案例,组织教师观摩学习,组织教学讨论和试讲活动,并根据本校特色组织教学创新,化解教学过程中存在的各类问题。再次,有计划地安排教师参加公安实践锻炼,既要开展专项调查研究又要送教到基层。积极参与研究和制定一线民警运动健康方案,把科学的体能训练理念和先进的技术方法传递给基层民警,并总结实践经验反哺课堂教学。最后,要聘请专家名师长期驻校讲学培训,通过项目化、专题化培训,提升教师的综合能力。并在大多数公安高校都缺少体能专业师资的情况下,发挥用人制度的灵活性,签订临时聘用合同,高薪聘请优秀人才充实到教学岗位,形成鲶鱼效应,促进教师队伍健康发展。[①]

(三)完善功能性训练课程设计

相对于当前公安高校警察体能教学模式,功能性训练理念和方法手段是新事物、新模式。课程设计时要把握好目标与方式的一致性原则、整体性原则、稳中求进原则和网络化原则。

一是功能性训练内容、方法手段要与课程培养目标相一致。既要有利于全面提升学生体能素质和达标水平,又要兼顾保持健康和延长运动寿命的目的。

二是树立整体性、系统化的教学观念。功能性训练是从人体解剖结构和动作特征出发,从人体运动链和动作模式的角度设计练习动作,很好地克服了传统训练中动作不稳定、不协调、不对称等问题,但是不能因此就全盘否定传统训练方法手段。在课程设计中要坚持功能性训练与传统训练相结合,重视核心力量训练,多方位多关节运动的联动作用,功能动作

---

①吴瑾龙,杨小龙. 功能性训练的应用述评及前景解读[J]. 体育师友,2021,44,(5):34-37.

练习,健康意识和运动康复理念的培养。

三是对于新的训练模式,教师和学生都有一个适应过程,因此不宜全面铺开,应该采取稳步推进原则。可以设计三种功能性训练晋级课程作为教学实验,设置三个实验班分别适用不同教学训练内容,以人民警察体能达标测试标准为教学效果的参照系,进行一至两个学期的实验教学,通过实验数据的对比分析和等级评价,再决定推行教学效果最优的课程。

四是遵循线上课与线下课同步设计的原则,发挥网络课程不受时间空间限制的优点,弥补课程学时和训练时间不足等问题。

身心健康是公安高校大学生参与学习、生活和工作的物质基础。功能性训练理念和方法可以帮助学生了解自己的身体、热爱自己的身体、学会保持身心健康的知识和方法手段,让科学运动伴随自己的一生。体能课程改革必须以提高学生基本运动能力,掌握科学训练方法,培养终身体育锻炼的意识和习惯作为出发点和落脚点。

参考文献

[1]常德庆,姜书慧,张磊.高校体育教学与运动训练研究[M].吉林出版集团股份有限公司,2020.

[2]邓万里,李晓.民族体育 珍珠球·蹴球运动教学与训练研究[M].长春:吉林大学出版社,2014.

[3]杜雨,杨威,孙培全.大学生体能训练计划的设计探析[J].体育时空,2017,(3).

[4]冯婷.体育运动与训练研究[M].北京:九州出版社,2018.

[5]高振峰.功能性训练应用成效、存在问题及实施对策[J].鞍山师范学院学报,2020,22,(4):54-58.

[6]高振峰.拓展训练在体育教学中的应用探究[J].科技资讯,2020,18,(24):120-122.

[7]胡雪银.试论运动负荷的认知历程[J].当代体育科技,2021,11,(2):22-24.

[8]黄武胜.体育训练与运动心理学研究[M].中国商务出版社,2019.

[9]姜宽.关于高校体育教育开设拓展训练课程的研究分析[J].中国新通信,2020,22,(15):183.

[10]居向阳,朱舰,王克权等.大学体育运动与训练教程[M].北京:现代教育出版社,2012.

[11]李明,曹勇.体育运动心理训练理论与实践[M].武汉:中国地质大学出版社,2015.

[12]李鑫.浅谈体育运动的意义[J].科技信息,2010,(2):283.

[13]刘美卓,程智.功能性训练的本质探寻[J].体育科技文献通报,2020,28,(7):161-162.

[14]刘志国.拓展训练的基础理论和实践[M].长春:东北师范大学出版社,2018.

[15]沈建敏.体育教学创新与运动训练研[M].北京:新华出版社,2018.

[16]孙晓川.青少年体能训练计划及其对体质健康的促进路径[J].拳击与格斗,2020,(12):90-91.

[17]唐进松,陈芳芳,薛良磊.现代体育运动训练理论与方法探索[M].北京:中国商务出版社,2019.

[18]吴瑾龙,杨小龙.功能性训练的应用述评及前景解读[J].体育师友,2021,44,(5):34-37.

[19]肖涛,孔祥宁,王晨宇.运动训练学[M].重庆:重庆大学出版社,2016.

[20]谢宾,王新光,时春梅.高校体育教学与运动训练研究[M].吉林人民出版社,2021.

[21]张波,牟其林,李睿等.体育训练与运动人体科学研究[M].长春:吉林大学出版社,2017.

[22]周梅芳.大学体育运动与康复训练研究[M].西安:西安交通大学出版社,2017.

[23]朱云,张巍,胡琳.休闲体育文化之运动训练教程[M].北京:中国书籍出版社,2018.

[24]祝林.体育运动训练有效性的提升探究[J].文体用品与科技,2021,12(12):39-40.